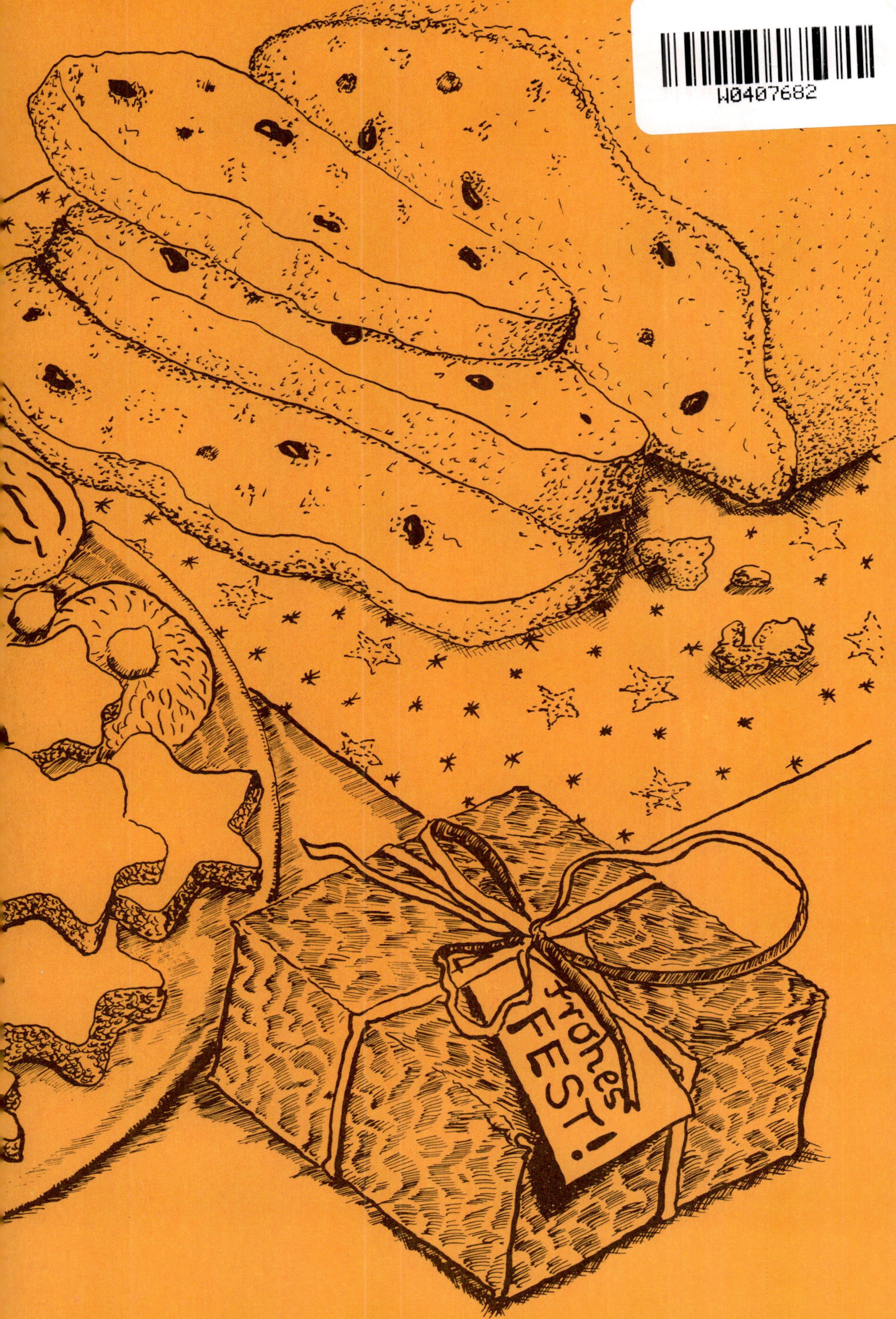
Frohes
FEST!

100 Rezepte

Backen
in der Weihnachtszeit

100 Rezepte

Backen in der Weihnachtszeit

von
Armin Roßmeier

Unipart-Verlag · Stuttgart

Inhalt

genehmigte Lizenzausgabe für
UNIPART-VERLAG GMBH,
Remseck bei Stuttgart, 1995
ISBN 3 8122 3334 7

Vorwort

Es ist wohl die festlichste Zeit des Jahres, wenn Herr Winter seine Eisblumen auf unsere Fenster zaubert.

Die Vorweihnachtszeit ist nicht nur die Zeit, in der wir am liebsten am warmen Ofen in der heimeligen Stube sitzen, sondern auch die Zeit der süßen Düfte. Kleine und große Naschkatzen bekommen glänzende Augen, wenn die Wohlgerüche aus der heimatlichen Weihnachtsbackstube durchs ganze Haus ziehen.

In unserem Weihnachtsbackbuch stellen wir Ihnen altbewährte Rezepte aus Großmutters Backstube neu entdeckt vor, aber auch Kreationen aus der modernen Backstube.

Verwöhnen Sie Ihre Familie und Ihre Gäste mit unseren Rezepten.

Selbstverständlich können Sie nach herzenslust Geschmackszutaten wie Nüsse, Früchte usw. austauschen. Ihrer Phantasie freien Lauf lassen, können Hausfrauen und Hobbyköche ebenso beim Verzieren und Garnieren.

Zeit- und arbeitssparend sind die im Handel so vielfältig angebotetenen Fertiggarnituren, wie Borkenschokolade, Schokoladelocken, Zuckerstreusel, Liebesperlen usw. Zum Färben von Marzipan verwenden Sie am besten Lebensmittelfarben.

Gerade in der Weihnachtsbäckerei sind hier keinerlei Grenzen gesetzt. Das gleiche gilt bei den Geschmacksträgern von Cremes und Füllungen. In einigen unserer Rezepte sind auch Liköre bzw. Schnäpse als Geschmacksträger angegeben, wenn Sie keinen Alkohol verwenden möchten, ersetzen Sie ihn ganz einfach durch Fruchtsaft.

Hinweisen möchten wir jedoch noch kurz auf das Auskühlen von Ihren Backwerken hinweisen. Beachten Sie, daß Sie Kuchen und Torten, die mit Cremes und Butter- oder Sahnefüllungen verarbeitet werden, diese vorm Füllen gut auskühlen lassen. Wichtig ist dies vor allem, wenn Gelatine verwendet wird.

Achten Sie jedoch stets darauf, daß Ihre Backzutaten von erstklassiger Qualität sind. Ebenso beachten sollten Sie, daß genaues Abwiegen, Abmessen und Verarbeiten den Erfolg Ihrer Arbeit krönt.

Wenn Sie all die kleinen Tips und Tricks beachten, kann es eigentlich nur noch heißen "Auf die Plätzchen, fertig los". Lassen Sie sich von uns in ein weihnachtliches Backparadies verführen.

Eine frohe Weihnachtszeit wünscht Ihnen

Ihr Armin Roßmeier

Krumbacher Vanillekipferl

DAS BRAUCHT MAN

275 g Mehl
210 g Butter oder Margarine
110 g abgezogene, gemahlene Mandeln
100 g Zucker
2 Päckchen Vanillezucker
Backtrennpapier

AUSSERDEM

Puderzucker
Schokoladenglasur

1. Das Mehl auf eine Arbeitsfläche sieben und die Butter oder Margarine in Flöckchen darauf setzen.
2. Die gemahlenen Mandeln, den Zucker und den Vanillezucker miteinander vermischen und auf die übrigen Zutaten streuen.
3. Die Zutaten mit bemehlten Händen von außen nach innen schnell zu einem kompakten Teig verarbeiten.
4. Den Teig zugedeckt im Kühlschrank eine Stunde ruhen lassen.
5. Anschließend den Teig zu einer 2-3 Zentimeter dicken Rolle formen.
6. Scheiben abschneiden und auf der bemehlten Arbeitsfläche zu kleinen Würsten drehen.
7. Die Würste halbmondförmig zusammenrollen und auf ein mit Backtrennpapier ausgelegtes Backblech setzen.
8. Die Vanillekipferl im auf 170-180 Grad vorgeheizten Backofen 10-15 Minuten backen.
9. Herausnehmen, noch warm mit Puderzucker bestauben und zum weiteren Verzehr bereitstellen.

Schokoherzen

DAS BRAUCHT MAN

200 g Mehl, 125 g Zucker
1/2 TL Zimtpulver
1 Msp. Nelkenpulver
125 g Vollmilchschokolade
125 g gemahlene Mandeln
1 Ei, 175 g Butter oder Margarine

AUSSERDEM

Mehl zum Ausrollen
1 kleines Glas Orangenmarmelade
4 cl Orangenlikör
Schokoladenglasur hell oder dunkel

1. Das Mehl auf eine Arbeitsfläche sieben. Zucker, Zimtpulver und Nelkenpulver miteinander vermischen und auf das Mehl geben.
2. Die Vollmilchschokolade raspeln, mit den gemahlenen Mandeln auf das Mehl streuen und eine Mulde eindrücken.
3. Das Ei in die Mulde geben und die Butter oder Margarine in Flöckchen darauf setzen.
4. Die Zutaten mit bemehlten Händen von außen nach innen zu einem kompakten Teig kneten.
5. Den Teig in ein feuchtes Küchentuch wickeln und im Kühlschrank eine Stunde ruhen lassen.
6. Anschließend den Teig auf einer bemehlten Arbeitsfläche dünn ausrollen und Herzen ausstechen.
7. Die Herzen auf ein mit Butter ausgefettetes und bemehltes Backblech setzen. Im auf 180-200 Grad vorgeheizten Backofen 10-15 Minuten backen.
8. Die Orangenmarmelade erhitzen und mit Orangenlikör glattrühren.
9. Die Hälfte der Herzen mit Orangenmarmelade bestreichen und mit der anderen Hälfte abdecken.
10. Mit Schokoladenglasur überziehen. Abtrocknen lassen, zum weiteren Verzehr bereitstellen.

Schwarz-weiße Karolinchen

DAS BRAUCHT MAN

250 g Butter oder Margarine
75 g Puderzucker
2 Päckchen Vanillezucker
250 g Speisestärke
130 g Mehl
30 g Kakaopulver
200 g Marzipan-Rohmasse
200 g kandierte Früchte

AUSSERDEM

1 Becher weiße Schokoladenglasur
1 Becher dunkle Schokoladenglasur
Schokostreusel und bunte Zuckerstreusel

1. Die Butter oder Margarine mit dem Puderzucker und dem Vanillezucker in eine Schüssel geben und schaumig schlagen.
2. Die Speisestärke und das Mehl auf die Fettmasse sieben und einen glatten kompakten Teig herstellen.
3. Die Masse teilen und in einen Teil das Kakaopulver einarbeiten.
4. Beide Teige zu Rollen formen. In Alufolie wickeln und im Kühlschrank mindestens 1 1/2 Stunden ruhen lassen.
5. Anschließend von den Teigen dünne Scheiben abschneiden.
6. Den hellen Teig mit Marzipankugeln belegen. Den dunklen Teig mit einem Stück kandierter Frucht.
7. Die Teigscheiben zu Kugeln zusammenrollen. Diese auf ein mit Backpapier ausgelegtes Blech legen.
8. Bei 180-200 Grad je nach Größe 12-15 Minuten backen.
9. Die Kugeln zur Hälfte in weiße und dunkle Schokoladenglasur tauchen. In Schokostreuseln oder bunten Zuckerstreuseln wälzen. Vollständig abtrocknen lassen und zum weiteren Verzehr bereitstellen.

Nougatherzen

DAS BRAUCHT MAN

200 g Mehl, 75 g Puderzucker
1 TL geriebene Zitronenschale
1 TL Zimtpulver
3 Eigelb
100 g Butter oder Margarine

AUSSERDEM

125 g Nougatmasse
1 Eiweiß
1 Eigelb, 2 EL Rum

1. Das Mehl mit dem Puderzucker vermischen und auf eine Arbeitsfläche sieben.
2. Die Zitronenschale und das Zimtpulver darüber streuen und eine Mulde eindrücken.
3. Das Eigelb in die Mulde geben und die Butter oder Margarine in Flöckchen darauf setzen.
4. Die Zutaten mit bemehlten Händen von außen nach innen schnell zu einem Teig verkneten.
5. Den Teig in ein feuchtes Küchentuch wickeln und im Kühlschrank mindestens eine Stunde ruhen lassen.
6. Anschließend herausnehmen und auf einer bemehlten Arbeitsfläche dünn ausrollen. Mit Herzausstechern Herzen ausstechen.
7. Die Hälfte der Herzen mit etwas Nougatmasse belegen. Die Ränder mit verschlagenem Eiweiß bestreichen und mit der anderen Hälfte der Herzen abdecken.
8. Die Schnittkanten andrücken, das Eigelb mit dem Rum glattrühren, die Plätzchen bestreichen.
9. Die Plätzchen auf ein ausgefettetes und mit Mehl bestaubtes Backblech setzen. Im auf 180-200 Grad vorgeheizten Backofen 12-15 Minuten backen. Herausnehmen und mit Schoko-, Nuß- oder Zuckerglasur überziehen und zum weiteren Verzehr bereitstellen.

Nußschnitten

DAS BRAUCHT MAN

275 g Mehl, 250 g Zucker
125 g geriebene Mandeln
125 g geriebene Haselnüsse
1 TL geriebene Zitronenschale
1 Päckchen Vanillezucker
1 TL Zimtpulver
2 Eier
einige Tropfen Rumaroma
250 g Butter oder Margarine

AUSSERDEM

2 Eigelb, etwas Wasser
Hagelzucker, Zuckerstreusel oder Liebesperlen zum Bestreuen
Schoko-, Nuß- oder Zuckerglasur zum Überziehen

1. Das Mehl auf eine Arbeitsfläche sieben.
2. Den Zucker, die Mandeln, die Haselnüsse, die Zitronenschale, den Vanillezucker und das Zimtpulver gleichmäßig darauf streuen.
3. Eine Mulde eindrücken, die Eier und das Rumaroma hineingeben.
4. Die Butter oder Margarine in Flöckchen darauf setzen und das Ganze mit bemehlten Händen von außen nach innen zu einem kompakten Teig verarbeiten.
5. Den Teig in ein feuchtes Küchentuch wickeln und im Kühlschrank mindestens eine Stunde ruhen lassen.
6. Den Teig herausnehmen. Auf einer bemehlten Arbeitsfläche zu einer Rolle von 4-5 Zentimeter Durchmesser formen.
7. Dünne Scheiben abschneiden, diese zu Würstchen rollen und mit einem Messer glattdrücken.
8. Die Schnitten auf ein mit Butter oder Margarine ausgefettetes Backblech setzen. Im auf 180-200 Grad vorgeheizten Backofen 8-12 Minuten backen.
9. Kurz vor Backende das Eigelb mit Wasser glattrühren und die Stangen damit bestreichen. Mit Hagelzucker, Zuckerstreusel oder Liebesperlen bestreuen und vollständig abbacken. Man kann die Nußschnitten auch mit Schoko-, Nuß- oder Zuckerglasur überziehen. Abtrocknen lassen und zum weiteren Verzehr bereitstellen.

Hennys Hausfreunde

DAS BRAUCHT MAN

4 Eier, 200 g Zucker
1 Päckchen Vanillezucker
100 g gehackte Mandeln
100 g gehackte Haselnüsse
100 g Rumrosinen
100 g gehackte Zartbitterschokolade
250 g Mehl, 1 TL Backpulver

1. Die Eier mit dem Zucker und dem Vanillezucker in eine Schüssel geben und schaumig schlagen.
2. Die Mandeln, die Haselnüsse und die Rumrosinen dazugeben.
3. Mit der gehackten Zartbitterschokolade über den Eischaum verteilen und vorsichtig unterheben.
4. Das Mehl mit dem Backpulver vermischen, sieben und unter den Teig rühren.
5. Den Teig mit Rumaroma verfeinern und auf ein ausgefettetes kleines Backblech streichen.
6. Im auf 180-200 Grad vorgeheizten Backofen 15-20 Minuten backen. Herausnehmen, sofort in Stükke schneiden und erkalten lassen.
7. Je nach Geschmack mit Schoko-, Nuß- oder Zitronenglasur überziehen. Vollständig abtrocknen lassen und zum weiteren Verzehr bereitstellen.

Früchtewürfel mit Marzipan

DAS BRAUCHT MAN

100 g getrocknete Feigen
100 g getrocknete Datteln
100 g Sultaninen
100 g Zitronat
100 g Orangeat
150 g Haselnüsse
4 cl Orangenlikör

AUSSERDEM

1 große rechteckige Backoblate
200 g Marzipan-Rohmasse
1 Eiweiß
50 g Puderzucker
Schokoladenglasur

1. Die Feigen, die Datteln, die Sultaninen, das Zitronat und das Orangeat, sowie die Haselnüsse durch die mittlere Scheibe des Fleischwolfes drehen.
2. Die Masse in eine Schüssel geben und mit Orangenlikör aromatisieren.
3. Die Masse gleichmäßig auf die Backoblate streichen. Eine Klarsichtfolie darüber legen und gleichmäßig andrücken. Die Masse sollte ca. 1 1/2 Zentimeter auf der Oblate verteilt sein.
4. Die Marzipan-Rohmasse in eine Schüssel geben, das Eiweiß dazugeben und mit einer Gabel zerdrücken.
5. Den Puderzucker darüber streuen und zu einer Masse verkneten.
6. Die Marzipan-Rohmasse in Größe der Backoblate ausrollen und auf die Früchte legen.
7. Die Marzipanplatte gut andrücken und mit einem scharfen Messer das Ganze in Würfel schneiden.
8. Die Kuvertüre nach Anweisung zubereiten, die Fruchtwürfel damit überziehen. Vollständig abtrocknen lassen und zum weiteren Verzehr bereitstellen.

Vanille-Spritzgebäck

DAS BRAUCHT MAN

250 g Butter oder Margarine
200 g Puderzucker
2 Päckchen Vanillezucker
1TL geriebene Zitronenschale
einige Tropfen Arrakaroma
1 Prise Salz
500 g Mehl
50 g Speisestärke
gut 1 Tasse Milch
Butter oder Margarine zum Ausfetten
Schokoladenglasur
Kokosflocken

1. Die Butter oder Margarine mit dem Puderzucker in eine Schüssel geben und schaumig schlagen.
2. Den Vanillezucker, die Zitronenschale und das Arrakaroma, sowie das Salz unterrühren.
3. Das Mehl und die Speisestärke miteinander vermischen, abwechselnd mit der Milch unter den Teig schlagen. Anschließend im Kühlschrank 1/2 Stunde ruhen lassen.
4. Den Teig in einen Spritzbeutel mit Sternchen füllen. Ein Backblech mit Backtrennpapier auslegen und je nach Geschmack beliebige Formen aufspritzen.
5. Je nach Größe der Teigstücke das Ganze im auf 180-190 Grad vorgeheizten Backofen 10-15 Minuten backen.
6. Die Teigstückchen herausnehmen, erkalten lassen. Die Enden in angerührte Schokoglasur tauchen und diese mit Kokosflocken bestreuen. Vollständig abtrocknen lassen und zum weiteren Verzehr bereitstellen.

Bocholter Heidesand

DAS BRAUCHT MAN

250 g Butter, 250 g Zucker
1 Päckchen Vanillezucker
1 Prise Salz
1 TL geriebene Zitronenschale
1 Prise Nelkenpulver
1 Prise Zimtpulver
375 g Mehl

AUSSERDEM

1 Becher dunkle Schokoladenglasur
1 Becher helle Schokoladenglasur
Zuckerstreusel
gehackte Nüsse

1. Die Butter in einen Topf geben und zerlaufen lassen, unter ständigem Rühren leicht bräunen.
2. Vom Feuer nehmen und vollständig abkühlen lassen.
3. Die feste Butter in eine Schüssel geben. Mit dem Zucker, dem Vanillezucker, dem Salz, der Zitronenschale, dem Nelkenpulver und dem Zimtpulver schaumig schlagen.
4. Das Mehl sieben, zum Fett geben und zu einem glatten kompakten Teig kneten.
5. Den Teig auf einer bemehlten Arbeitsfläche zu einer Rolle von 4-5 Zentimeter Durchmesser formen.
6. Die Rolle in Alufolie einwickeln und im Kühlschrank mindestens 1 1/2-2 Stunden ruhen lassen.
7. Anschließend den Teig in 1/2 Zentimeter dicke Scheiben schneiden und auf ein mit Backtrennpapier ausgelegtes Backblech legen.
8. Im auf 170-180 Grad vorgeheizten Backofen 15-25 Minuten backen.
9. Die Plätzchen herausnehmen. Vollständig abkühlen lassen. Mit heller oder dunkler Schokoladenglasur zur Hälfte überziehen.
Mit Zuckerstreusel und gehackten Nüssen bestreuen. Vollständig abtrocknen lassen und zum weiteren Verzehr bereitstellen.

Kulleraugen

DAS BRAUCHT MAN

425 g Mehl
75 g Zucker
2 Päckchen Vanillezucker
1 TL geriebene Zitronenschale
4 Eigelb
325 g Butter oder Margarine

AUSSERDEM

Backtrennpapier
1 kleines Glas Johannisbeergelee
Puderzucker zum Bestauben

1. Das Mehl auf eine Arbeitsfläche sieben und den Zucker gleichmäßig darüber streuen.
2. Den Vanillezucker und die Zitronenschale darüber geben. Eine Mulde eindrücken und das Eigelb hineingeben.
3. Die Butter oder Margarine in Flöckchen darauf setzen und die Zutaten mit bemehlten Händen von außen nach innen schnell zu einer kompakten Masse verarbeiten.
4. Den Teig in ein feuchtes Küchentuch wickeln, im Kühlschrank mindestens eine Stunde ruhen lassen.
5. Den Teig auf einer bemehlten Arbeitsfläche dünn ausrollen und runde Plätzchen ausstechen.
6. In die Hälfte der Plätzchen mit einem Fingerhut ein Loch einstechen.
7. Die Plätzchen auf ein mit Backtrennpapier ausgelegtes Backblech setzen und im auf 180-200 Grad vorgeheizten Backofen 8-10 Minuten backen.
8. Die Plätzchen mit Loch noch warm mit Puderzucker bestauben und die ganzen Plätzchen mit dem Johannisbeergelee bestreichen.
9. Die Plätzchen zusammensetzen, vollständig abtrocknen und erkalten lassen. Zum weiteren Verzehr bereitstellen.

Oblaten-Makronen mit Kirschen

DAS BRAUCHT MAN

2 Eiweiß, 1 Prise Salz
75 g Zucker, 1 Päckchen Vanillezucker
150 g gehackte Mandeln
100 g gemahlene Mandeln
50 g geriebene Vollmilch-Kuvertüre
100 g Cocktailkirschen
runde Backoblaten (50 mm Durchmesser)

AUSSERDEM

100 g Puderzucker
1-2 EL Rotwein
Cocktailkirschen zum Belegen

1. Das Eiweiß in eine Schüssel geben. Mit dem Salz steif schlagen.
2. Den Zucker und den Vanillezucker miteinander vermischen und die Hälfte davon unter ständigem Schlagen in das Eiweiß einrieseln lassen.
3. Den restlichen Zucker mit den gehackten, gemahlenen Mandeln vermischen und vorsichtig unter den Eischnee ziehen.
4. Die Vollmilch-Kuvertüre und die sehr fein geschnittenen Cocktailkirschen unter die Masse heben.
5. Mit zwei Teelöffel kleine Häufchen abstechen und diese auf die Backoblaten gleichmäßig setzen.
6. Die Oblaten auf ein Backblech geben. Im auf 160-170 Grad vorgeheizten Backofen 15-20 Minuten abbacken.
7. Die Makronen herausnehmen, vollständig erkalten lassen.
8. Den Puderzucker mit dem Rotwein glattrühren und Häubchen auf die Makronen setzen.
9. Die Cocktailkirschen halbieren und auf den Guß setzen. Vollständig abtrocknen lassen und zum weiteren Verzehr bereitstellen.

Armins Nußkekse

DAS BRAUCHT MAN

150 g Mehl, 1 Prise Salz
1 TL Korianderpulver
1 Msp. Muskatpulver
150 g Farinzucker
1 Päckchen Vanillezucker
50 g gehackte Erdnüsse
50 g gehackte Walnüsse
25 g gehackte Pistazien
50 g Sesamsamen
50 g gemahlene Haselnüsse
1 Ei
150 g Butter oder Margarine

AUSSERDEM

runde Backoblaten (70 mm Durchmesser)
Pistazien, Haselnüsse
Mandeln oder Erdnußkerne

1. Das Mehl mit dem Salz, dem Koriander und dem Muskatpulver vermischen und auf eine Arbeitsfläche sieben.
2. Den Farinzucker mit dem Vanillezucker, den Nüssen und den Sesamsamen, sowie den gemahlenen Haselnüssen vermischen und gleichmäßig auf das Mehl streuen.
3. Eine Mulde eindrücken und ein Ei hineingeben.
4. Die Butter oder Margarine in Flöckchen auf die Zutaten setzen.
5. Mit bemehlten Händen von außen nach innen schnell zu einem glatten kompakten Teig verarbeiten.
6. Den Teig in ein feuchtes Küchentuch wickeln, im Kühlschrank mindestens eine Stunde kalt stellen.
7. Anschließend mit bemehlten Händen walnußgroße Kugeln abdrehen und diese jeweils auf eine Backoblate setzen.
8. Die Masse gleichmäßig andrücken und mit einer bemehlten Gabel Muster aufdrücken.
9. Pistazien, Haselnüsse, Mandeln oder Erdnußkerne in die Masse drücken. Die Plätzchen auf ein Backblech setzen und im auf 180-200 Grad vorgeheizten Backofen 12-18 Minuten backen.
10. Herausnehmen, auskühlen lassen und zum weiteren Verzehr bereitstellen.

Schokoladenkonfekt

DAS BRAUCHT MAN

200 g Vollmilch-Kuvertüre
100 g getrocknete Früchte (Äpfel, Birnen, Ananas oder Aprikosen)
50 g gehackte Haselnüsse
1 Ei, 1 Päckchen Vanillezucker
2 cl Orangenlikör

AUSSERDEM

4 eckige Backoblaten

1. Die Kuvertüre in eine feuerfeste Schüssel raspeln. Im Wasserbad unter ständigem Rühren schmelzen lassen.
2. Die Früchte sehr fein schneiden. Mit den Haselnüssen, dem Ei, dem Vanillezucker und dem Orangenlikör unter die Kuvertüre rühren.
3. Die Schokoladenmasse auf 4 eckige Backoblaten streichen und diese zusammensetzen.
4. Mit der letzten Oblate abdecken. Den Oblatenblock mit einem Arbeitsbrett beschwert so lange ruhen lassen bis die Schokolade fest ist.
5. Mit einem scharfen Messer in Rauten, Würfel oder Dreiecke schneiden. Kühl aufbewahrt zum weiteren Verzehr bereitstellen.

Buchweizenhäufchen

DAS BRAUCHT MAN

125 g Mohn
1/8 l Milch
1 Päckchen Vanillezucker
1 TL geriebene Zitronenschale
75 g Rumrosinen
2 Eier, 1 Eigelb
1 Prise Salz
1 Prise Muskatpulver
1 TL Zimtpulver
150 g flüssigen Honig
200 g gehackte Mandeln
175 g Buchweizenmehl

AUSSERDEM

Vollkorn-Oblaten
weiße Schokoladenglasur

1. Den Mohn sehr fein mahlen und bereitstellen.
2. Die Milch mit dem Vanillezucker und der Zitronenschale in einen Topf geben und aufkochen lassen.
3. Den Mohn einstreuen und unter ständigem Rühren einmal aufkochen lassen. Vom Feuer nehmen und die Rumrosinen untermischen.
4. Die Eier mit dem Eigelb in eine Schüssel geben und schaumig schlagen.
5. Mit Salz, Muskatpulver und Zimtpulver aromatisieren und den Honig unter ständigem Schlagen einträufeln.
6. Die erkaltete Mohnmischung eßlöffelweise unter die Eimasse rühren.
7. Die gehackten Mandeln und das Buchweizenmehl unter die Masse mischen.
8. Mit einem Teelöffel kleine Häufchen auf die Vollkorn-Oblaten setzen und diese auf ein Backblech legen.
9. Im auf 180-200 Grad vorgeheizten Backofen 15-20 Minuten backen, herausnehmen und vollständig erkalten lassen.
10. Die Buchweizenhäufchen mit geschmolzener weißer Schokoladenglasur überziehen. Vollständig abtrocknen lassen und zum weiteren Verzehr bereitstellen.

Haferflocken-Apfelplätzchen

DAS BRAUCHT MAN

100 g getrocknete Apfelringe
4 cl Rum
150 g Haselnußkerne
1 EL Butter oder Margarine
3 EL Honig
2 Eier
1 Prise Salz
2 EL Honig
einige Tropfen Rumaroma
50 g körnige Haferflocken

AUSSERDEM

Vollkorn-Oblaten
Haselnußkerne

1. Die Apfelringe in sehr feine Würfel schneiden und in eine Schüssel geben. Mit Rum beträufeln und 1/2-1 Stunde marinieren.
2. Die Haselnußkerne in Butter oder Margarine kurz rösten. Vom Feuer nehmen und im Mixer oder mit dem Pürierstab fein mahlen.
3. Den Honig untermischen und die Masse bereitstellen.
4. Die Eier mit dem Salz und dem Honig in eine Schüssel geben und schaumig schlagen, mit Rumaroma aromatisieren.
5. Die Haferflocken unter die Eimasse heben und die Nußmasse eßlöffelweise einarbeiten.
6. Mit zwei Teelöffel portionsweise die Masse auf Vollkorn-Oblaten setzen, leicht andrücken und einen Haselnußkern in die Mitte setzen.
7. Die Plätzchen auf ein Backblech setzen und im auf 180 Grad vorgeheizten Backofen 20-25 Minuten backen. Anschließend herausnehmen, vollständig auskühlen lassen und zum weiteren Verzehr bereitstellen.

Walnußhappen

DAS BRAUCHT MAN

2 Eiweiß, 1 Prise Salz
Saft von 1/2 Zitrone
125 g flüssigen Honig
1 Eigelb
150 g gehackte Walnüsse
100 g gemahlene Walnüsse
80g Dinkel- oder Vollkornmehl

AUSSERDEM

Vollkorn-Oblaten
Walnußkerne

1. Das Eiweiß mit dem Salz und dem Zitronensaft sehr steif schlagen.
2. Den Honig und das Eigelb unter ständigem Rühren darunter schlagen.
3. Die gehackten und die gemahlenen Walnüsse mit dem Dinkel- oder Vollkornmehl vermischen, vorsichtig unter den Eischaum heben.
4. Mit zwei Teelöffel portionsweise die Masse auf Vollkorn-Oblaten setzen.
5. Die Plätzchen auf ein Backblech setzen und in die Mitte jedes Plätzchens einen Walnußkern drücken.
6. Die Plätzchen im auf 150-160 Grad vorgeheizten Backofen 25-30 Minuten backen. Anschließend herausnehmen, erkalten lassen und zum weiteren Verzehr bereitstellen.

Schokobusserl

DAS BRAUCHT MAN

140 g Vollmilch-Kuvertüre
120 g Butter, 140 g Puderzucker
70 g gemahlene Mandeln
70 g gemahlene Haselnüsse
1 Päckchen Vanillezucker
1 TL geriebene Zitronenschale
1 TL geriebene Orangenschale
einige Tropfen Rumaroma

AUSSERDEM

runde Backoblaten (44 mm Durchmesser)
1 Ei
1 Becher Schokoladenglasur
1 Tasse gehackte Nüsse

1. Die Vollmilch-Kuvertüre raspeln. In eine Schüssel geben und im Wasserbad schmelzen lassen.
2. Die Butter mit dem Puderzucker in eine Schüssel geben und schaumig schlagen.
3. Die lauwarme flüssige Schokolade tropfenweise unter die Creme schlagen.
4. Die Mandeln mit den Haselnüssen, dem Vanillezucker, der Zitronenschale und der Orangenschale vermischen. Mit dem Rumaroma unter die Schokomasse rühren.
5. Die Masse so lange kalt stellen bis sie sich formen läßt.
6. Kleine Kugeln aus der Masse abdrehen. Diese auf Backoblaten setzen und leicht andrücken.
7. Die Plätzchen auf ein Backblech geben und mit dem verquirlten Ei bestreichen.
8. Im auf 150-160 Grad vorgeheizten Backofen 15-20 Minuten backen.
9. Herausnehmen, erkalten lassen. Mit der zerlassenen Schokoladenglasur überziehen und mit Nüssen bestreuen. Vollständig abtrocknen lassen und bereitstellen.

Marzipan-Makronen

DAS BRAUCHT MAN

250 g Marzipan-Rohmasse
200 g Zucker
2 Eiweiß
1 TL geriebene Zitronenschale
1 TL geriebene Orangenschale
3 gehäufte EL gemahlene Mandeln

AUSSERDEM

runde Backoblaten (44 mm Durchmesser)
Mandelkerne
150 g Puderzucker
1 EL Wasser
1-2 EL Johannisbeergelee

1. Die Marzipan-Rohmasse kleinschneiden und in eine feuerfeste Schüssel geben.
2. Den Zucker, das Eiweiß, die Zitronen- und Orangenschale dazugeben. Das Ganze im Wasserbad zu einer glatten Masse verrühren.
3. Die gemahlenen Mandeln unterziehen, so daß eine spritzfähige Masse entsteht.
4. Die Masse in einen Spritzbeutel mit Sterntülle füllen. Die Backoblaten auf ein Backblech legen und die Masse gleichmäßig darauf spritzen.
5. Die Mandelkerne gleichmäßig in die Mitte eindrücken. Das Ganze im auf 150-160 Grad vorgeheizten Backofen 20-25 Minuten backen.
6. Nach Ende der Backzeit vollständig erkalten lassen. Den Puderzucker mit dem Wasser und dem Johannisbeergelee glattrühren und die Makronen damit überziehen.
7. Die Marzipan-Makronen vollständig abtrocknen lassen und zum weiteren Verzehr bereitstellen.

Quittenkonfekt

DAS BRAUCHT MAN

2-3 kg Quitten
1 Zitrone, 1 Orange
1 Zimtstange
2 Vanilleschoten
auf 500 g Quittenmark 500 g Zucker
Saft von 1 Zitrone

AUSSERDEM

Backtrennpapier
einige Tropfen Bittermandelöl
etwas Puderzucker
Hagelzucker, Vollmilch-Kuvertüre

1. Die Quitten mit einem Küchentuch kräftig abreiben. Unter fließendem heißen und kalten Wasser gut abwaschen.
2. Die Quitten in Achtel schneiden und in einen Topf geben.
3. Wenig Wasser angießen und die Quitten im verschlossenen Topf weich dünsten.
4. Die Quitten durch ein Passiersieb streichen. Das Mark auffangen.
5. Auf 500 g Quittenmark 500 g Zucker und den Saft von einer Zitrone geben.
6. Bei mäßiger Hitze unter ständigem Rühren so lange kochen lassen bis eine zähe Paste entsteht.
7. Ein Backblech mit hohem Rand mit Backtrennpapier auslegen und mit Bittermandelöl bestreichen.
8. Die Quittenpaste gleichmäßig darauf streichen und an einem warmen Ort zum Abtrocknen stellen.
9. Während des Trocknens die Masse mehrmals wenden.
10. Anschließend Ausstechformen in Puderzucker tauchen und Sterne aus der Masse stechen.
11. Das Konfekt mit Hagelzucker bestreuen oder mit zerlassener Vollmilch-Kuvertüre überziehen.
12. Das Quittenkonfekt vollständig auskühlen lassen und kühl stellen.

Feines Ananaskonfekt

DAS BRAUCHT MAN

2 Eiweiß
250 g Zucker
375 g gemahlene Mandeln
3 Scheiben Ananas (Dose)
1-2 EL Ananassaft
1 Päckchen Vanillezucker
1 TL geriebene Zitronenschale

AUSSERDEM

Backtrennpapier
runde Backoblaten
Schokoladen- oder Zuckerglasur

1. Das Eiweiß in eine Schüssel geben und sehr steif schlagen und anschließend den Zucker darunter schlagen.
2. Die Mandeln vorsichtig unterheben.
3. Die Ananasscheiben sehr fein hacken. Mit dem Ananassaft, dem Vanillezucker und der Zitronenschale zur Mandelmasse geben und darunter ziehen.
4. Das Ganze zugedeckt in den Kühlschrank stellen und zwei Stunden ruhen lassen.
5. Anschließend die Masse auf runde Backoblaten streichen. Auf ein mit Backtrennpapier ausgelegtes Backblech setzen.
6. Im auf 140-150 Grad vorgeheizten Backofen 15-20 Minuten abtrocknen lassen.
7. Anschließend das Ananaskonfekt mit Schokoladen- oder Zuckerglasur überziehen. Vollständig erkalten lassen und zum weiteren Verzehr bereitstellen.

Spitzbuben

DAS BRAUCHT MAN

400 g Mehl, 200 g Zucker
125 g geriebene Haselnüsse
1 Päckchen Vanillezucker
1 TL geriebene Zitronenschale
einige Tropfen Rumaroma
1 Ei, 250 g Butter oder Margarine

AUSSERDEM

Mehl zum Bestauben
Backtrennpapier
1 kleines Glas Kirschmarmelade
Nußglasur, Kokosflocken

1. Das Mehl auf eine Arbeitsfläche sieben und den Zucker gleichmäßig darauf streuen.
2. Die Haselnüsse, den Vanillezucker, und die Zitronenschale darüber streuen.
3. Eine Mulde eindrücken, das Rumaroma und das Ei hinein geben. Die Butter oder Margarine in Flöckchen auf die Zutaten setzen.
4. Mit bemehlten Händen von außen nach innen schnell zu einem kompakten Teig verarbeiten.
5. Den Teig in ein feuchtes Küchentuch wickeln und im Kühlschrank eine Stunde ruhen lassen.
6. Anschließend den Teig auf einer bemehlten Arbeitsfläche dünn ausrollen. Von der Hälfte kreisrunde Plätzchen ausstechen und von der anderen Hälfte in der gleichen Größe Ringe ausstechen.
7. Die Plätzchen auf ein mit Backtrennpapier ausgelegtes Backblech setzen. Im auf 180-200 Grad vorgeheizten Backofen 8-12 Minuten backen.
8. Die kreisrunden Plätzchen mit Kirschmarmelade überziehen und die Ringe darauf setzen.
9. Die Ringe je nach Geschmack mit Nußglasur überziehen und mit Kokosflocken bestreuen. Vollständig abtrocknen lassen und zum weiteren Verzehr bereitstellen.

Hausgemachte Florentiner

DAS BRAUCHT MAN

1/4 l Sahne
2 Päckchen Vanillezucker
175 g Zucker
50 g Butter oder Margarine
200 g Mandelblättchen
75 g Zitronat
75 g Orangeat
1/2 TL Zimtpulver
1 Msp. Nelkenpulver
75 g Mehl

AUSSERDEM

Backtrennpapier
helle oder dunkle Kuvertüre

1. Die Sahne mit dem Vanillezucker und dem Zucker, sowie der Butter oder Margarine in einen Topf geben und unter ständigem Rühren zum Kochen bringen.
2. Die Zuckersahne vom Feuer nehmen und vollständig erkalten lassen.
3. Die Mandelblättchen, das feingeschnittene Zitronat und Orangeat, das Zimtpulver und das Nelkenpulver untermischen.
4. Die Masse mit dem gesiebten Mehl verrühren.
5. Die Masse etwa 1/2-1 Zentimeter dick kreisförmig (6-7 Zentimeter Durchmesser) auf ein mit Backtrennpapier ausgelegtes Backblech streichen.
6. Die Florentiner im auf 175-180 Grad vorgeheizten Backofen 10-15 Minuten goldgelb ausbacken.
7. Anschließend die Florentiner sofort vom Backtrennpapier lösen und mit der Oberfläche nach unten auf ein Kuchengitter zum Abkühlen legen.
8. Die helle oder dunkle Kuvertüre im Wasserbad schmelzen lassen und die Unterseite damit dick bestreichen.
9. Die Florentiner vollständig abtrocknen lassen und zum weiteren Verzehr bereitstellen.

Friedels Leckerli

DAS BRAUCHT MAN

250 g Kunsthonig
125 g Farinzucker
1 TL Zimtpulver
1/2 TL Nelkenpulver
1 EL geriebene Zitronenschale
50 g Orangeat
50 g Zitronat
75 g gehackte Haselnüsse
375 g Mehl
1 Päckchen Backpulver
1/8 l Sahne

AUSSERDEM

Backtrennpapier
Schokoladen- oder Zuckerglasur
Zuckerstreusel oder Liebesperlen
gehackte Haselnüsse oder Pistazien

1. Den Kunsthonig mit dem Farinzucker, dem Zimtpulver, dem Nelkenpulver und der Zitronenschale in einen Topf geben und unter ständigem Rühren erhitzen.
2. Den Honig vom Feuer nehmen. Das Orangeat, das Zitronat und die Haselnüsse einrühren.
3. Das Mehl mit dem Backpulver vermischen. Mit der Sahne zum Honig geben und alles zu einem schwer reißenden, streichfähigen Teig verarbeiten.
4. Ein Backblech mit Backtrennpapier auslegen und die Masse gleichmäßig darauf streichen.
5. Im auf 180-200 Grad vorgeheizten Backofen je nach Dicke des Teiges 15-25 Minuten abbacken.
6. Anschließend herausnehmen und stürzen. Das Trennpapier abnehmen und in Rechtecke, Quadrate oder Stangen schneiden.
7. Nach dem Erkalten mit Schokoladen- oder Zuckerglasur überziehen. Mit Zuckerstreusel oder Liebesperlen, Haselnüssen oder Pistazien bestreuen. Vollständig abtrocknen lassen und zum weiteren Verzehr bereitstellen.

Nußmakronen

DAS BRAUCHT MAN

2 Eiweiß
1 Prise Salz
100 g Zucker
1 TL geriebene Zitronenschale
50 g Zucker
100-125 g gemahlene Nüsse

AUSSERDEM

runde Backoblaten
(60 mm Durchmesser)
Schokoladenglasur
Nußkerne

1. Das Eiweiß mit dem Salz in eine Schüssel geben und sehr steif schlagen.
2. Den Zucker unter ständigem Schlagen einrieseln lassen.
3. Die geriebene Zitronenschale, den restlichen Zucker und 100 g gemahlene Nüsse miteinander vermischen. Vorsichtig unter den Eischnee heben.
4. Falls die Masse zu dünnflüssig ist, die restlichen gemahlenen Nüsse einarbeiten.
5. Die Masse kegelförmig auf die Backoblaten streichen. Anschließend auf ein Backblech setzen.
6. Im auf 150-160 Grad vorgeheizten Backofen 20-25 Minuten backen.
7. Nach Ende der Backzeit die Makronen herausnehmen und vollständig erkalten lassen.
8. Mit der zerlassenen Schokoladenglasur überziehen und Nußkerne auf die Glasur setzen.
9. Vollständig abtrocknen lassen und zum weiteren Verzehr bereitstellen.

Marzipan-Sesam-Häufchen

DAS BRAUCHT MAN

250 g Marzipan-Rohmasse
75 g Puderzucker
4 Eigelb
2 cl Rum

AUSSERDEM

runde Backoblaten
1 Ei
1 Tasse Sesamsamen

1. Die Marzipan-Rohmasse auf eine mit Puderzucker bestaubte Arbeitsfläche geben.
2. Den Puderzucker, das Eigelb und den Rum dazugeben. Alles zu einem glatten festen Teig verarbeiten.
3. Portionsweise kleine Kügelchen formen. Auf die Backoblaten setzen und leicht andrücken.
4. Das Ei verschlagen und die Marzipanmasse damit bestreichen.
5. Mit Sesamsamen bestreuen und die Plätzchen auf ein Backblech geben.
6. Im auf 150-160 Grad vorgeheizten Backofen 15-20 Minuten backen.
7. Anschließend herausnehmen. Vollständig erkalten lassen. Je nach Geschmack mit Schokoladenglasur überziehen oder beträufeln.
8. Abtrocknen lassen und zum weiteren Verzehr bereitstellen.

Elisen-Plätzchen

DAS BRAUCHT MAN

2 Eiweiß, 1 Prise Salz
60 g Zucker, 120 g Zucker
1 Päckchen Vanillezucker
1 TL geriebene Orangenschale
1 TL geriebene Zitronenschale
1 TL Zimtpulver
1 Msp. Nelkenpulver
25 g Zitronat, 25 g Orangeat
140 g gemahlene Haselnüsse

AUSSERDEM

runde Backoblaten
(60 mm Durchmesser)
150 g Puderzucker, 2 EL Rum
Haselnußkerne, Belegkirschen

1. Das Eiweiß mit dem Salz schaumig schlagen.
2. Den Zucker unter ständigem Rühren darunter schlagen.
3. Den restlichen Zucker mit dem Vanillezucker, der Orangenschale, der Zitronenschale, dem Zimtpulver und dem Nelkenpulver vermischen. Unter ständigem Rühren eine Minute in den Eischnee einarbeiten.
4. Das Zitronat und das Orangeat mit den gemahlenen Haselnüssen vermischen. Vorsichtig unter den Eischaum heben.
5. Die Masse kegelförmig auf Oblaten streichen. Diese auf ein Backblech setzen.
6. Im auf 150-160 Grad vorgeheizten Backofen 20-25 Minuten backen.
7. Die Elisen-Plätzchen herausnehmen und erkalten lassen. Den Puderzucker mit dem Rum glattrühren und die Elisen damit einstreichen.
8. Haselnußkerne, sowie halbierte Belegkirschen darauf verteilen.
9. Die Elisen-Plätzchen vollständig abtrocknen lassen und zum weiteren Verzehr bereitstellen.

Himbeerschnittchen

DAS BRAUCHT MAN

150 g zarte Haferflocken
25 g Butter oder Margarine
225 g Mehl
1 TL geriebene Zitronenschale
1/2 Päckchen Backpulver
2 Päckchen Vanillezucker
2 Eier
100 g Zucker
150 g Butter oder Margarine

AUSSERDEM

1 kleines Glas Himbeermarmelade
1 Eigelb
1-2 EL Wasser

1. Die Haferflocken mit der Butter oder Margarine in eine Pfanne geben und kurz rösten. Vom Feuer nehmen, erkalten lassen und mit dem gesiebten Mehl auf eine Arbeitsfläche geben.
2. Die Zitronenschale, das Backpulver und den Vanillezucker untermischen.
3. Eine Mulde eindrücken und die Eier hineingeben.
4. Das Ganze mit Zucker bestreuen und die Butter oder Margarine in Flöckchen darauf setzen.
5. Die Teigzutaten mit bemehlten Händen von außen nach innen zu einem kompakten Teig kneten.
6. Den Teig in ein feuchtes Küchentuch wickeln und im Kühlschrank eine Stunde ruhen lassen.
7. Anschließend den Teig auf einer bemehlten Arbeitsfläche nicht zu dünn ausrollen und 8 Zentimeter breite Streifen schneiden.
8. Die Teigstreifen in der Mitte mit Himbeermarmelade bestreichen und die Ränder einen Zentimeter darüber schlagen.
9. Die Ränder rundherum andrücken und die Streifen auf ein mit Backtrennpapier ausgelegtes Backblech legen.
10. Das Eigelb mit Wasser glattrühren und die Schnittchen damit bestreichen. Im auf 180-200 Grad vorgeheizten Backofen je nach Dicke des Teiges, 10-15 Minuten abbacken. Herausnehmen, in 2-3 Zentimeter breite Streifen schneiden und zum weiteren Verzehr bereitstellen.

Spritzgebackenes

DAS BRAUCHT MAN

375 g Butter oder Margarine
250 g Zucker
1 Ei
1 Eigelb
1 Päckchen Vanillezucker
1 TL geriebene Zitronenschale
1/2 TL gemahlenen Anis
einige Tropfen Rumaroma
350 g Mehl
125-150 g geriebene Mandeln

1. Die Butter oder Margarine mit dem Zucker in eine Schüssel geben und schaumig schlagen.
2. Das Ei und das Eigelb kräftig darunter schlagen.
3. Den Vanillezucker, die Zitronenschale, den Anis und das Rumaroma darunter mischen.
4. Das Mehl sieben und mit den Mandeln unter den Fett-Ei-Schaum ziehen.
5. Den Teig in einen Spritzbeutel füllen und auf ein mit Backtrennpapier ausgelegtes Backblech Ornamente oder Häufchen spritzen.
6. Im auf 180-200 Grad vorgeheizten Backofen 10-15 Minuten abbacken.
7. Das Spritzgebackene herausnehmen und erkalten lassen. Je nach Geschmack die Enden mit Schokoladenglasur überziehen. Vollständig abtrocknen lassen und zum weiteren Verzehr bereitstellen

Amarettokugeln

DAS BRAUCHT MAN

250 g Butter
2 Päckchen Vanillezucker
40 g Puderzucker
2 cl Amaretto
1 TL geriebene Zitronenschale
1 TL geriebene Orangenschale
300 g Mehl
75g Speisestärke
1/2 TL Backpulver

AUSSERDEM

Backtrennpapier
Puderzucker zum Bestauben
100 g Vollmilchschokolade

1. Die Butter in einen Topf geben und bei schwacher Hitze leicht bräunen. Vom Feuer nehmen und vollständig abkühlen lassen.
2. Die kalte Butter oder Margarine mit dem Vanillezucker und dem Puderzucker in eine Schüssel geben und schaumig schlagen.
3. Den Amaretto, die Zitronenschale und die Orangenschale darunter rühren.
4. Das Mehl mit der Speisestärke und dem Backpulver vermischen und auf die Butter sieben.
5. Das Ganze mit bemehlten Händen schnell zu einem glatten, kompakten Teig kneten.
6. Den Teig in ein feuchtes Küchentuch wickeln und im Kühlschrank eine Stunde ruhen lassen.
7. Anschließend aus dem Teig runde Kugeln formen und diese auf ein mit Backtrennpapier ausgelegtes Backblech setzen.
8. In die Mitte der Kugeln eine kleine Mulde eindrücken und im auf 180-200 Grad vorgeheizten Backofen 10-15 Minuten backen.
9. Nach Ende der Backzeit die Amarettokugeln herausnehmen und noch warm mit Puderzucker bestauben.
10. Die Vollmilchschokolade im Wasserbad schmelzen lassen und je einen Klacks Schokolade in die Mulde geben. Vollständig abtrocknen lassen und zum weiteren Verzehr bereitstellen.

Schneekonfekt

DAS BRAUCHT MAN

200 g Kokosfett
220 g Kakaopulver
100 g Speisestärke
1 Päckchen Vanillezucker
75 g Puderzucker
einige Tropfen weißen Rum

AUSSERDEM

Pralinenförmchen
Belegkirschen
ganze Nüsse

1. Das Kokosfett in eine feuerfeste Schüssel geben und im Wasserbad zerlaufen lassen.
2. Das Kakaopulver, die Speisestärke, den Vanillezucker, den Puderzucker und den weißen Rum einrühren.
3. Vom Feuer nehmen und die Schüssel in den Schnee stellen.
4. Falls kein Schnee vorhanden ist, sollten Sie die Schüssel in das Tiefkühlfach stellen und während des Erkaltens öfters mit dem Schneebesen durchrühren.
5. Nach dem vollständigen Erkalten die Masse in einen Spritzbeutel mit Sterntülle füllen.
6. Die Masse gleichmäßig in die Pralinenförmchen spritzen mit Belegkirschen und ganzen Nüssen garnieren. Im Kühlschrank vollständig erkalten lassen und sofort servieren.

TIP | Das Schneekonfekt läßt sich sehr gut einfrieren und nach einer kurzen Auftauzeit sofort servieren.

Rotwein-Fruchtis

DAS BRAUCHT MAN

50 g getrocknete Äpfel
25 g getrocknete Birnen
25 g getrocknete Aprikosen
1/2 Tasse Rotwein
1 Ei
2 EL Rotwein
1 EL san apart (Sahnefestiger)
1/2 TL Lebkuchengewürz
1/2 TL Zimtpulver
1 EL geriebene Zitronenschale
1 TL geriebene Orangenschale
1 Prise Salz
100 g Mandelstifte

AUSSERDEM

runde Vollkorn-Oblaten (44 mm Durchmesser)
Nuß-Nougat-Creme

1. Die Trockenfrüchte in sehr feine Würfel schneiden. In eine Schüssel geben und mit dem Rotwein übergießen. Im Kühlschrank über Nacht weichen lassen.
2. Am nächsten Tag das Ei mit dem Rotwein und dem san apart in eine Schüssel geben und sehr schaumig schlagen.
3. Das Lebkuchengewürz, das Zimtpulver, die Zitronenschale, die Orangenschale und das Salz darunter schlagen.
4. Die gut abgetropften Früchte mit den Mandelstiften vermischen und unter den Schaum ziehen.
5. Mit zwei Teelöffel kleine Häufchen auf die Backoblaten setzen und diese auf ein Backblech geben.
6. Die Rotwein-Fruchtis im auf 170-180 Grad vorgeheizten Backofen 20-25 Minuten backen.
7. Herausnehmen, vollständig abtrocknen lassen und kurz vor dem Verzehr mit einigen Nuß-Nougat-Creme-Tupfen bedeckt servieren.

Früchtemakronen „Venezia"

DAS BRAUCHT MAN

40 g getrocknete Äpfel
40 g getrocknete Birnen
20 g getrocknete Bananen
4 cl Amaretto
20 g Butter oder Margarine
5 EL Sahne, 1 EL Honig
1 Msp. Zimtpulver
1 Prise Muskatpulver
100 g gehackte Haselnüsse
4 gezuckerte Eiswaffeln

AUSSERDEM

runde Vollkorn-Oblaten (44 mm Durchmesser)
100 g Zartbitterschokolade
30 g Pistazienkerne
30 g Pinienkerne

1. Die Trockenfrüchte in feine Würfel schneiden. In eine Schüssel geben, mit Amaretto übergießen und über Nacht marinieren.
2. Am nächsten Tag die Butter oder Margarine mit der Sahne, dem Honig, dem Zimtpulver und dem Muskatpulver in einen Topf geben und unter ständigem Rühren erwärmen.
3. Die Früchte mit den gehackten Haselnüssen dazugeben und unter ständigem Rühren 1-2 Minuten kochen lassen.
4. Das Ganze vom Feuer nehmen. Die gehackten Eiswaffeln unterheben und die noch warme Masse mit zwei Teelöffel auf die Oblaten verteilen.
5. Die Oblaten auf ein Backblech setzen. Im auf 170-180 Grad vorgeheizten Backofen 15-20 Minuten backen.
6. Die Früchtemakronen herausnehmen und erkalten lassen. Mit der im Wasserbad zerlassenen Schokolade überziehen.
7. Mit Pistazien- und Pinienkernen bestreuen. Vollständig abtrocknen lassen und zum weiteren Verzehr bereitstellen.

Walnußstreusel

DAS BRAUCHT MAN

1 Eigelb
150 g Butter oder Margarine
150 g Honig
1 Prise Salz
100 g gehackte Walnüsse
1 EL geriebene Zitronenschale
1 TL Zimtpulver
200 g Vollkornmehl

AUSSERDEM

1 kleines Glas Pflaumenmarmelade
Vollkorn-Oblaten

1. Das Eigelb mit der Butter oder Margarine in eine Schüssel geben und schaumig schlagen.
2. Den Honig und das Salz dazugeben und kräftig darunter schlagen.
3. Die gehackten Walnüsse, die Zitronenschale und das Zimtpulver sowie das Vollkornmehl miteinander vermischen.
4. Die Hälfte davon in die Fettmasse einrühren.
5. Die andere Hälfte dazugeben und Streusel herstellen.
6. Die Streusel im Kühlschrank mindestens eine Stunde ruhen lassen, sie müssen ganz fest werden.
7. Anschließend ein Backblech mit Backtrennpapier auslegen.
8. Die Oblaten gleichmäßig darauf verteilen.
9. Von gut der Hälfte der Streuselmasse ca. 15 Zentimeter lange dünne Rollen formen.
10. Die Rollen kranzförmig auf die Oblaten legen und mit einem Gabelrücken leicht andrücken.
11. In die Mitte jedes Kranzes mit einem Teelöffel Pflaumenmarmelade geben. Die restlichen Streusel auf der Pflaumenmarmelade verteilen und ebenfalls leicht andrücken.
12. Das Ganze im auf 180-200 Grad vorgeheizten Backofen 10-15 Minuten backen.
13. Anschließend die Plätzchen auf ein Kuchengitter geben. Die Plätzchen gut auskühlen lassen und zum weiteren Verzehr bereitstellen.

Schnelle Kokosflockenplätzchen

DAS BRAUCHT MAN

4 Eiweiß
1 Prise Salz
125 g Zucker
1 EL Mehl
200 g Kokosflocken

AUSSERDEM

runde Backoblaten

1. Das Eiweiß mit dem Salz in eine Schüssel geben und sehr steif schlagen.
2. Den Zucker unter ständigem Schlagen darunter rieseln lassen.
3. Das Mehl mit den Kokosflocken vermischen und vorsichtig unter den Eischnee ziehen.
4. Die Backoblaten auf ein mit Backtrennpapier ausgelegtes Backblech setzen, die Kokosmasse in einen Spritzbeutel füllen und die Masse gleichmäßig auf die Backoblaten verteilen.
5. 15-20 Minuten an einem warmen Ort abtrocknen lassen.
6. Anschließend im auf 150-160 Grad vorgeheizten Backofen je nach Größe der Kokosflocken 15-25 Minuten mehr trocknen als backen lassen. Herausnehmen und zum weiteren Verzehr bereitstellen.

Weihnachtstorte

DAS BRAUCHT MAN

100 g Butter oder Margarine
100 g Puderzucker
1 Päckchen Vanillezucker
1 TL geriebene Zitronenschale
4 Eigelb
50 g Vollmilch-Kuvertüre
150 g gemahlene Mandeln
75 g Mehl
50 g Speisestärke
1 TL Backpulver
4 Eiweiß
1 Prise Salz
Butter oder Margarine zum Ausfetten
Zwieback oder Semmelbrösel
2-3 EL Zucker
3-4 EL Sahne
1-2 EL Honig
1-2 EL Butter oder Margarine
25 g Orangeat
25 g Zitronat
125 g Mandelblättchen
Backtrennpapier
Mandelkrokant und Silberperlen
250 g Speisequark
250 g saure Sahne
100 Crème fraîche
1 TL geriebene Zitronenschale
2 Päckchen Vanillezucker
Saft von 1 Zitrone
125 g Zucker
1 Tasse Kirschsaft
10 Blatt rote Gelatine

1. Die Butter oder Margarine mit dem Zucker, dem Vanillezucker und der Zitronenschale in eine Schüssel geben und schaumig schlagen.
2. Das Eigelb nach und nach darunter schlagen.
3. Die Vollmilch-Kuvertüre fein raspeln und unter den Schaum heben.
4. Die Mandeln mit dem Mehl, der Speisestärke und dem Backpulver vermischen. Vorsichtig unter den Schaum ziehen.
5. Das Eiweiß mit Salz zu steifem Schnee schlagen und vorsichtig unter die Masse heben.
6. Eine Springform mit Butter oder Margarine ausfetten. Mit Zwieback oder Semmelbrösel bestreuen und die Masse einfüllen. Im auf 180-200 Grad vorgeheizten Backofen 50-60 Minuten backen.
7. Nach Ende der Backzeit herausnehmen, vollständig auskühlen lassen und zweimal waagerecht durchschneiden.
8. Den Zucker, die Sahne, den Honig und die Butter oder Margarine in einen Topf geben und einmal aufkochen lassen.
9. Das sehr fein geschnittene Zitronat und Orangeat und die Mandelblättchen dazugeben und so lange einreduzieren lassen bis die Masse leicht bräunlich wird.
10. Ein Backtrennpapier in der Größe der Springform ausschneiden und die Springform damit belegen.
11. Die Mandelmasse gleichmäßig darauf streichen und das Ganze im auf 170-180 Grad vorgeheizten Backofen 10-12 Minuten ausbacken.
12. Den Boden aus der Form nehmen. Das Backtrennpapier sofort abziehen und erkalten lassen. In 8-10 gleich große Tortenstücke zerteilen.
13. Den Speisequark mit der sauren Sahne und der Crème fraîche glattrühren.
14. Die Zitronenschale, den Vanillezucker, den Zitronensaft und den Zucker einrühren.
15. Den Kirschsaft erhitzen und die gewässerte rote Gelatine darin auflösen.
16. Tropfenweise unter die Quarkcreme ziehen und erkalten lassen.
17. Die Bisquitböden mit der Creme bestreichen und zusammensetzen. Mit der restlichen Creme vollständig die Torte bestreichen.
18. Die Nußstücke auf die Torte legen und mit der restlichen Creme Tupfen darauf setzen.
19. Die Torte mit Mandelkrokant und Silberperlen ausgarnieren. Vollständig auskühlen lassen und zum weiteren Verzehr bereitstellen.

Festlicher Gugelhupf

DAS BRAUCHT MAN

200 g Butter oder Margarine
125 g Zucker
1 Päckchen Vanillezucker
5 Eier
175 g Honig
500 g Mehl
1/2 Päckchen Backpulver
1 TL Lebkuchengewürz
Butter oder Margarine zum Ausfetten
Semmelbrösel zum Bestreuen
200 g Puderzucker
2-3 EL Orangenlikör
kandierte Orangen
Silberperlen

1. Die Butter oder Margarine mit dem Zucker und dem Vanillezucker in eine Schüssel geben und schaumig schlagen.
2. Die Eier nach und nach dazugeben und kräftig darunter schlagen.
3. Den Honig unter ständigem Schlagen dazugeben.
4. Das Mehl mit dem Backpulver und dem Lebkuchengewürz vermischen. Auf die Schaummasse sieben und darunter arbeiten.
5. Eine Gugelhupf-Form mit Butter oder Margarine ausfetten, mit Semmelbrösel bestreuen und den Teig einfüllen.
6. Den Kuchen im auf 170-180 Grad vorgeheizten Backofen 45-55 Minuten backen.
7. Nach Ende der Backzeit herausnehmen, stürzen und vollständig auskühlen lassen.
8. Den Puderzucker mit dem Orangenlikör zu einer Glasur anrühren und den Kuchen damit gleichmäßig überziehen.
9. Mit kandierten Orangen und Silberperlen garnieren. Vollständig abtrocknen lassen und zum weiteren Verzehr bereitstellen.

Pfefferkuchen

DAS BRAUCHT MAN

300 g Butter oder Margarine
250 g Zuckerrübensirup
250 g Farinzucker
1 TL geriebene Zitronenschale
1 TL geriebene Orangenschale
2 Päckchen Vanillezucker
1 EL Lebkuchengewürz
1/2 TL Pimentpulver
1/2 TL Kardamompulver
1 TL Zimtpulver
250 g zarte Haferflocken
500 g Mehl
1 TL Backpulver
1 TL Hirschhornsalz
Saft von 1 Zitrone
100 g geriebene Mandeln

AUSSERDEM

Backtrennpapier

1. Die Butter oder Margarine mit dem Zuckerrübensirup und den Farinzucker in eine Schüssel geben und schaumig schlagen.
2. Die Zitronenschale, die Orangenschale, den Vanillezucker, das Lebkuchengewürz, das Pimentpulver, das Kardamompulver und das Zimtpulver darunter rühren.
3. Die Haferflocken dazugeben. Das Mehl mit Backpulver und Hirschhornsalz vermischen und ebenfalls dazugeben.
4. Den Zitronensaft und die geriebenen Mandeln zu den restlichen Teigzutaten geben und alles zu einem glatten kompakten Teig verarbeiten.
5. Anschließend den Teig auf einer bemehlten Arbeitsfläche 1/2 Zentimeter dick ausrollen.
6. Rauten, Quadrate oder Dreiecke ausradeln oder weihnachtliche Figuren und Formen ausstechen.
7. Ein Backblech mit Backtrennpapier auslegen und die Formen darauf setzen.
8. Im auf 180-200 Grad vorgeheizten Backofen 8-12 Minuten backen.
9. Die Pfefferkuchen herausnehmen, vollständig erkalten und zum weiteren Verzehr bereitstellen.

Magenbrot

DAS BRAUCHT MAN

3 Eier
250 g Farinzucker
1 Päckchen Vanillezucker
1 Prise Salz
1 TL geriebene Zitronenschale
1 TL geriebene Orangenschale
150 g Butter oder Margarine
250 g Mehl
1 Päckchen Backpulver

AUSSERDEM

Mehl zum Bestauben
Backtrennpapier
100 g Vollmilch-Kuvertüre
100 g Zitronat und Orangeat

1. Die Eier mit dem Farinzucker und dem Vanillezucker in eine Schüssel geben und schaumig schlagen.
2. Das Salz, die Zitronenschale und die Orangenschale darunter rühren.
3. Die Butter oder Margarine handwarm erhitzen und flüssig tropfenweise unter den Eischaum rühren.
4. Das Mehl mit dem Backpulver vermischen, auf die Schaummasse sieben und alles zu einem gleichmäßigen Teig verarbeiten.
5. Den Teig im Kühlschrank 1 Stunde ruhen lassen, herausnehmen, auf einer bemehlten Arbeitsfläche ausrollen und in rechteckige 2 Zentimeter breite Stangen schneiden.
6. Ein Backblech mit Backtrennpapier auslegen, die Stangen darauf setzen und im auf 170-180 Grad vorgeheizten Backofen 20-25 Minuten backen.
7. Die Vollmilch-Kuvertüre im Wasserbad schmelzen lassen und die abgekühlten Teigstangen damit gleichmäßig überziehen.
8. Mit gehacktem Zitronat und Orangeat bestreuen, vollständig abtrocknen lassen und zum weiteren Verzehr bereitstellen.

Husaren-Plätzchen

DAS BRAUCHT MAN

300 g Mehl
2 Eigelb
100 g Zucker
1 Prise Salz
1 Päckchen Vanillezucker
1 TL geriebene Zitronenschale
75 g geriebene Haselnüsse

AUSSERDEM

Backtrennpapier
1 kleines Glas Johannisbeergelee
4 cl Johannisbeerlikör
Puderzucker zum Bestauben

1. Das Mehl auf eine Arbeitsfläche sieben, eine Mulde eindrücken und das Eigelb hineingeben.
2. Den Zucker, das Salz, den Vanillezucker, die Zitronenschale und die geriebenen Haselnüsse gleichmäßig darauf streuen.
3. Die Butter oder Margarine in Flöckchen darauf setzen und die Teigzutaten mit bemehlten Händen zu einem glatten kompakten Teig verarbeiten.
4. Den Teig in ein feuchtes Küchentuch wickeln und im Kühlschrank mindestens eine Stunde ruhen lassen.
5. Den Teig auf einer bemehlten Arbeitsfläche zu einer 5-6 Zentimeter dicken Rolle formen.
6. Ein Zentimeter breite Scheiben abschneiden und diese zu Kugeln abdrehen.
7. Ein Backblech mit Backtrennpapier auslegen und die Kugeln darauf setzen. Mit einem Kochlöffel eine Mulde eindrücken.
8. Die Plätzchen im auf 180-200 Grad vorgeheizten Backofen 15-20 Minuten backen.
9. Das Johannisbeergelee leicht erwärmen und mit Johannisbeerlikör glattrühren.
10. Die fertigen Plätzchen herausnehmen, die Mulden mit dem Johannisbeergelee füllen.
11. Die Plätzchen mit Puderzucker bestauben. Anschließend 1-2 Tage zum Abtrocknen an einem kühlen Ort stellen und zum weiteren Verzehr aufbewahren.

Apfel-Lebkuchen

DAS BRAUCHT MAN

100 g getrocknete Äpfel
4 cl Apfelkorn
2 EL Honig
120 g geriebene Mandeln
1 TL Kakaopulver
3 Eier
100 g Zuckerrohr-Granulat
1 Prise Salz
2 EL geriebene Zitronenschale
2 EL geriebene Orangenschale
1 Päckchen Vanillezucker
3 TL Lebkuchengewürz
1/2 TL Zimtpulver
100 g gehackte Haselnüsse
Vollkorn-Oblaten

1. Die Äpfel in sehr feine Würfel schneiden. Mit dem Apfelkorn beträufeln, 1/2 Stunde marinieren.
2. Den Honig und die geriebenen Mandeln dazugeben und alles gut miteinander vermischen.
3. Von dieser Masse zwei gehäufte Eßlöffel abnehmen. Mit dem Kakaopulver vermischen und beide Massen bereitstellen.
4. Die Eier und das Zuckerrohr-Granulat, das Salz, die Zitronen- und die Orangenschale und den Vanillezucker in eine Schüssel geben und schaumig schlagen.
5. Die helle Masse einrühren. Die Gewürze und Nüsse dazugeben. Alles gut miteinander vermischen.
6. Im Kühlschrank 3 Stunden zugedeckt ruhen lassen.
7. Ein Backblech mit Backtrennpapier auslegen, aus der Masse haselnußgroße Kugeln abdrehen. Je eine Kugel auf eine Oblate setzen.
8. Die Kugel leicht andrücken und mit einem Messer die helle Lebkuchenmasse gleichmäßig kegelförmig darauf streichen.
9. Die Lebkuchen auf ein Backblech setzen und im auf 180-200 Grad vorgeheizten Backofen 12-15 Minuten backen.
10. Die Lebkuchen herausnehmen. Auf einem Kuchengitter auskühlen lassen und mit Glasur überziehen. Vollständigabtrocknen lassen und zum weiteren Verzehr bereitstellen.

Milch-Cornies

DAS BRAUCHT MAN

100 g gemischte Trockenfrüchte
1/2 Tasse Milch
1 EL Ahornsirup
1 Ei
1 EL Honig
2 Päckchen Vanillezucker
1 Prise Salz
50 g gehackte Mandeln
50 g gemahlene Mandeln
50 g gehackte Haselnüsse
50 g gemahlene Haselnüsse
1-1 1/2 Tassen Nuß-Honig-Cornflakes

AUSSERDEM

runde Backoblaten
(60 mm Durchmesser)
Ahornsirup zum Beträufeln

1. Die Trockenfrüchte in sehr feine Würfel schneiden und in eine Schüssel geben.
2. Die Milch mit dem Ahornsirup erhitzen und den Sirup darin auflösen lassen. Über die Trockenfrüchte geben und mindestens eine Stunde ziehen lassen.
3. Das Ei mit dem Honig, dem Vanillezucker und dem Salz sehr schaumig schlagen.
4. Die gehackten und gemahlenen Nüsse miteinander vermischen. Die Trockenfrüchte unterziehen und das Ganze unter den Eischaum heben.
5. Die Nuß-Honig-Cornflakes unterarbeiten und mit zwei Teelöffel kleine Häufchen auf die Backoblaten setzen.
6. Die Cornies auf ein Backblech setzen. Im auf 170-180 Grad vorgeheizten Backofen 20-25 Minuten ausbacken.
7. Die Milch-Cornies herausnehmen. Vollständig erkalten lassen und kurz vor dem Verzehr mit Ahornsirup beträufeln.

Früchtebrot

DAS BRAUCHT MAN

250 g Weizenvollkornmehl
75 g Roggenvollkornmehl
1/4 l lauwarme Milch
1 Päckchen Trockenhefe
1-2 EL Zucker, 1 Prise Salz
100 g getrocknete Äpfel
100 g getrocknete Zwetschgen
50 g Datteln, 50 g Feigen
50 g gehackte Haselnüsse
50 g gehackte Mandeln
50 g gehackte Walnüsse
100 g Rumrosingen
50 g Zitronat, 50 g Orangeat
1 Eigelb, 2-3 EL Milch
geschälte Mandelkerne

1. Die Mehle in eine Schüssel geben. Die lauwarme Milch, die Trockenhefe, den Zucker und das Salz dazugeben. Alles zu einem glatten Teig verarbeiten.
2. Den Teig mit dem Kochlöffel so lange schlagen bis er Blasen wirft.
3. An einem warmen Ort auf die doppelte Menge aufgehen lassen.
4. Nochmals kräftig durchschlagen und erneut gehen lassen.
5. Die getrockneten Früchte mit den Nüssen, den Rumrosinen, dem Zitronat und dem Orangeat durch die grobe Scheibe des Fleischwolfes drehen.
6. Den Hefeteig nach dem Gehen nochmals kräftig durcharbeiten. Ein Drittel der Teigmasse abnehmen und den restlichen Teig mit der Früchte-Nuß-Mischung gut vermischen.
7. Den restlichen Teig auf einer bemehlten Arbeitsfläche dünn ausrollen.
8. Aus dem Fruchtteig einen Laib formen und diesen in den ausgerollten Teig einwickeln.
9. Mit der Nahtstelle nach unten auf ein mit Backtrennpapier ausgelegtes Backblech legen.
10. Das Eigelb mit der Milch verschlagen und den Teig damit einstreichen. Mit geschälten Mandelkernen ausgarnieren und im auf 180-200 Grad vorgeheizten Backofen 35-45 Minuten backen.

Dominosteine

DAS BRAUCHT MAN

- *250 g Butter oder Margarine*
- *200 g Zucker*
- *2 Eier*
- *1 Päckchen Vanillezucker*
- *1 TL geriebene Zitronenschale*
- *einige Tropfen Arrakaroma*
- *250 g geriebene Vollmilchschokolade*
- *200 g geriebene Mandeln*
- *100 g Mehl*

AUSSERDEM

- *dunkle Schokoladenglasur*
- *weiße Zuckerspritzglasur*

1. Die Butter oder Margarine mit dem Zucker in eine Schüssel geben und schaumig schlagen.
2. Die Eier nach und nach darunter schlagen.
3. Den Vanillezucker, die Zitronenschale und das Arrakaroma untermischen.
4. Die geriebene Vollmilchschokolade mit den geriebenen Mandeln und dem gesiebten Mehl zur Schaummasse geben und alles vorsichtig untermischen.
5. Ein Backblech mit Backtrennpapier auslegen und die Masse gleichmäßig darauf streichen.
6. Im auf 170-180 Grad vorgeheizten Backofen 20-30 Minuten abbacken.
7. Die Teigplatte herausnehmen. Das Backtrennpapier lösen und noch heiß in 2-3 Zentimeter breite und 4-5 Zentimeter lange Rechtecke schneiden.
8. Die Rechtecke vollständig erkalten lassen und mit dunkler Schokoladenglasur überziehen.
9. Mit der weißen Spritzglasur die Punkte für die Dominosteine auftragen. Das Ganze vollständig abtrocknen lassen und zum weiteren Verzehr bereitstellen.

Hagebutten-Riegel

DAS BRAUCHT MAN

200 g gehackte Erdnüsse
100 g Mandelblättchen
100 g gemahlene Mandeln
60 g Sesamsamen
100 g Sonnenblumenkerne
200 g Butter, 200 g Honig
1 TL Zimtpulver
1 Msp. Nelkenpulver
1 Msp. Anispulver
1 Päckchen Vanillezucker
200 g Hagebuttenmark

AUSSERDEM

Alufolie, 6 eckige Vollkorn-Oblaten

1. Die Erdnüsse, die Mandelblättchen, die gemahlenen Mandeln, die Sesamsamen und die Sonnenblumenkerne in eine Schüssel geben und miteinander vermischen.
2. Die Butter und den Honig in einen Topf geben und unter ständigem Rühren erhitzen.
3. Das Zimtpulver, das Nelkenpulver, das Anispulver und den Vanillezucker unterrühren.
4. Den Topf vom Feuer nehmen und die Nußmischung darunter arbeiten.
5. Das ungezuckerte Hagebuttenmark kräftig darunter rühren.
6. Ein hohes Backblech mit Alufolie auslegen und mit 3 eckigen Vollkorn-Oblaten belegen.
7. Die Masse darüber gießen und gleichmäßig verteilen.
8. Mit den restlichen Vollkorn-Oblaten abdecken. Ein Holzbrett zum Beschweren darauf legen und 15 Minuten ruhen lassen.
9. Anschließend die Masse im auf 180-200 Grad vorgeheizten Backofen 15-20 Minuten backen.
10. Nach dem Backen herausnehmen und stürzen. Die Folie abziehen und nach dem Erkalten in zwei Zentimeter breite und 5 Zentimeter lange Riegel schneiden. Je nach Geschmack mit Schokolade überziehen, vollständig abtrocknen lassen und zum weiteren Verzehr bereitstellen.

Elisen-Lebkuchen-Torte

DAS BRAUCHT MAN

2 Eiweiß, 1 Prise Salz
150 g Zucker
2 Päckchen Vanillezucker
2 TL san apart (Sahnefestiger)
145 g gemahlene Haselnüsse
50 g Zitronat
1 TL Lebkuchengewürz
1 EL geriebene Orangenschale
4 Obstkuchen-Oblaten
1/2 l Sahne
3 TL san apart (Sahnefestiger)
1 Päckchen Vanillezucker
80 g gemahlene Haselnüsse
40 g geriebene Zartbitterschokolade

1. Das Eiweiß mit dem Salz schaumig schlagen.
2. Zucker und Vanillezucker mit san apart vermischen und unter den Eischnee schlagen.
3. Die Haselnüsse mit dem sehr fein geschnittenen Zitronat, dem Lebkuchengewürz und der Orangenschale vermischen und unter die Eimasse ziehen.
4. Die Obstkuchen-Oblaten zusammensetzen und mit jeweils der Hälfte der Masse bestreichen.
5. Im auf 150-160 Grad vorgeheizten Backofen 15-20 Minuten backen.
6. Die Böden herausnehmen, auf ein Kuchengitter geben und auskühlen lassen.
7. Einen der Böden in 8 gleichgroße Tortenstücke schneiden.
8. Die Sahne mit dem san apart und dem Vanillezucker schaumig schlagen
9. Die Haselnüsse und die geriebene Schokolade unterheben.
10. Den ganzen Teigbrocken mit der Oblatenseite nach oben in eine Tortenform geben. Die Sahne gleichmäßig darauf verstreichen.
11. Die geschnittenen Tortenstücke als Deckel obenauf setzen.
12. Mit Puderzucker bestauben. Mit Haselnußkernen garnieren, vollständig erkalten lassen und servieren.

Katrins-Müsli-Ecken

DAS BRAUCHT MAN

250 g getrocknete Früchte
200 g gehackte Mandeln
100 g gehackte Haselnüsse
100 g Sesamsamen, 50 g Leinsamen
125 g Haferflocken, 30 g Mohn
1/4 l Sahne, 100 g Butter
200 g Honig
1 Päckchen Vanillezucker
1 TL geriebene Zitronenschale
1 TL geriebene Orangenschale
2-3 EL Aprikosenmarmelade
2 cl Aprikot Brandy
6 eckige Vollkorn-Oblaten

1. Die getrockneten Früchte in sehr feine Würfel schneiden und in eine Schüssel geben.
2. Die Mandeln, die Haselnüsse, die Sesamsamen, den Leinsamen, die kernigen Haferflocken und den Mohn dazugeben und alles gut miteinander vermischen.
3. Die Sahne mit der Butter und dem Honig in einen Topf geben und unter ständigem Rühren einmal aufkochen lassen.
4. Den Vanillezucker, die geriebene Zitronenschale und die geriebene Orangenschale darunter mischen und die Früchte-Nuß-Mischung einarbeiten.
5. Unter ständigem Rühren aufkochen lassen. So lange köcheln bis sich die Masse leicht gebunden hat.
6. Die Masse vom Feuer nehmen. Die Aprikosenmarmelade und den Aprikot Brandy unterrühren.
7. Ein Backblech mit Alufolie auslegen und 3 eckige Vollkorn-Oblaten darauf legen.
8. Die Masse auf die Oblaten geben und glattstreichen.
9. Mit den restlichen 3 Oblaten abdecken und ein Holzbrett darauf legen. 15-20 Minuten ruhen lassen.
10. Die Masse im auf 180-200 Grad vorgeheizten Backofen 15-20 Minuten backen.
11. Herausnehmen und vollständig auskühlen lassen. Die Alufolie entfernen und die Masse in zwei Zentimeter breite und 5-6 Zentimeter lange Riegel schneiden und zum weiteren Verzehr bereitstellen.

Gefüllte Marzipanstangen

DAS BRAUCHT MAN

200 g Mehl
1/2 Päckchen Backpulver
1 Ei
100 g Zucker
1Päckchen Vanillezucker
1 TL geriebene Orangenschale
1 Prise Salz
100 g Butter oder Margarine
Backtrennpapier
1 Eiweiß
100 g Mandelblättchen

AUSSERDEM

100 g Marzipan-Rohmasse
1 Eiweiß
100 g Vollmilch-Kuvertüre

1. Das Mehl mit dem Backpulver vermischen und auf eine Arbeitsfläche sieben.
2. Eine Mulde eindrücken und das Ei hineingeben.
3. Das Ganze mit Zucker, Vanillezucker, Orangenschale und Salz bestreuen.
4. Die Butter oder Margarine in Flöckchen darauf setzen.
5. Die Teigzutaten mit bemehlten Händen von außen nach innen schnell zu einem glatten Teig verarbeiten.
6. Den Teig in ein feuchtes Küchentuch wickeln und im Kühlschrank eine Stunde ruhen lassen.
7. Anschließend den Teig auf einer bemehlten Arbeitsfläche dünn ausrollen und in ein Zentimeter breite und 5-6 Zentimeter lange Streifen schneiden.
8. Ein Backblech mit Backtrennpapier auslegen und die Streifen darauf setzen.
9. Das Eiweiß verschlagen und die Teigstreifen damit einstreichen.
10. Mit Mandelblättchen bestreuen. Das Ganze im auf 175-180 Grad vorgeheizten Backofen je nach Dicke der Teigstreifen 10-15 Minuten abbacken.
11. Die Streifen herausnehmen und vom Blech lösen.
12. Die Marzipan-Rohmasse mit dem Eiweiß zu einer streichfähigen Masse verschlagen und die Streifen damit bestreichen.
13. Je zwei Streifen zusammensetzen und die Enden in geschmolzene Kuvertüre tauchen. Vollständig abtrocknen lassen und zum weiteren Verzehr bereitstellen.

Waldbeerenkuchen

DAS BRAUCHT MAN

125 g Butter, 75 g Zucker
1 EL geriebene Zitronenschale
1 Päckchen Vanillezucker
4 Eier, 1 Prise Salz
1/2 Tasse Milch
150 g Mehl
1/2 Päckchen Backpulver
2-3 EL Semmelbrösel
200 g Waldbeeren
1 Becher geschlagene Sahne
2 cl Kirschlikör
4 Blatt Gelatine
1/2 Tasse Kirschsaft
Vanillezucker und Zucker
Melissenzweige zum Garnieren

1. Die Butter mit dem dem Zucker, der Zitronenschale und dem Vanillezucker schaumig schlagen. Die Eier nach und nach dazugeben und weiterschlagen.
2. Eine Prise Salz dazugeben und die Milch unterrühren.
3. Das gesiebte Mehl mit dem Backpulver vermischen und unter den Teig heben.
4. Eine Backform mit der Butter ausfetten und mit Semmelbrösel bestreuen.
5. Den Teig einfüllen und im auf 180-200 Grad vorgeheizten Backofen 20-25 Minuten backen.
6. Anschließend den Teig herausnehmen und auskühlen lassen.
7. Die Waldbeeren in eine Schüssel geben. Die geschlagene Sahne daraufsetzen und unterheben.
8. Den Kirschsaft erhitzen und die gewässerte, gut ausgedrückte Gelatine darin auflösen. Mit dem Kirschlikör aromatisieren.
9. Das Ganze tropfenweise zu den Beeren geben und alles vorsichtig miteinander vermischen.
10. Die Beerencreme je nach Geschmack mit Vanillezucker und Zucker süßen.
11. Die Creme gleichmäßig auf dem Teigboden verteilen und vollständig erkalten lassen.
12. Den Kuchen auf eine Kuchenplatte setzen, mit den Melissenzweigen garnieren und sofort servieren.

Kaffeekuchen mit Zimtglasur

DAS BRAUCHT MAN

200 g Butter oder Margarine
200 g Zucker, 4 Eier
1 Päckchen Vanillezucker
1 TL geriebene Zitronenschale
150 g Mehl, 100 g Speisestärke
1/2 Päckchen Backpulver
3 EL Instant-Kaffeepulver
1/2 Tasse heiße Milch
einige Tropfen Rumaroma
150 g gemahlene Haselnüsse
100 g Schokoladentröpfchen
Semmelbrösel zum Bestreuen
200 g Puderzucker
3 EL Orangensaft, 1 EL Zimtpulver
einige Tropfen Rumaroma
100 g Vollmilch-Kuvertüre
Belegkirschen mit Stiel

1. Die Butter oder Margarine mit dem Zucker schaumig schlagen.
2. Die Eier nach und nach darunter schlagen.
3. Den Vanillezucker und den Zitronenschale unterrühren.
4. Das Mehl mit der Speisestärke und dem Backpulver vermischen und auf den Schaum sieben.
5. Das Instant-Kaffeepulver in der heißen Milch auflösen und mit Rumaroma aromatisieren.
6. Die Haselnüsse und die Schokoladentröpfchen zu den restlichen Teigzutaten geben und alles zu einem glatten Teig verrühren.
7. Eine Springform mit Butter ausfetten. Mit Semmelbrösel ausstreuen und den Teig einfüllen.
8. Den Teig im auf 180-200 Grad vorgeheizten Backofen 60-70 Minuten backen.
9. Nach Ende der Backzeit herausnehmen und vollständig erkalten lassen.
10. Den Puderzucker mit dem Orangensaft, dem Zimtpulver und dem Rumaroma anrühren und den Kuchen damit gleichmäßig überziehen.
11. Die Vollmilch-Kuvertüre im Wasserbad schmelzen lassen, die Belegkirschen darin wenden und abtrocknen lassen.
12. Die restliche Kuvertüre auf eine Marmorplatte gießen, Blätter von Rosen auf die Schokolade setzen und die Schokolade antrocknen lassen.
13. Anschließend die Blätter ausschneiden, von der Schokolade lösen und mit den überzogenen Früchte die Torte garnieren. Vollständig abtrocknen lassen und zum weiteren Verzehr bereitstellen.

Rodonkuchen mit Früchten

DAS BRAUCHT MAN

200 g Butter oder Margarine
200 g Zucker
1 Päckchen Vanillezucker
4 Eier, 1 Prise Salz
500 g Mehl, 1 Päckchen Backpulver
1/8 l Milch
Butter oder Margarine
Semmelbrösel
Puderzucker
150 g Rosinen
100 g gehackte Mandeln
150 g entsteinte Kirschen

1. Die Butter oder Margarine schaumig rühren und nach und nach den Zucker, den Vanillezucker die Eier und das Salz dazugeben.
2. Das Mehl mit dem Backpulver vermischen. Beides unter die Buttermasse ziehen und die Milch unterrühren. Es darf nur so viel Milch verwendet werden, daß der Teig schwerreißend vom Löffel fällt.
3. Die gewaschenen, gut abgetropften Früchte mit den Rosinen und den Mandeln unter den Teig heben.
4. Eine Napfkuchenform ausfetten, mit Semmelbröseln bestreuen und den Teig einfüllen.
5. Im auf 180 Grad vorgeheizten Backofen 60-70 Minuten backen.
6. Herausnehmen, kurz abkühlen lassen. Den Kuchen aus der Form stürzen und vollständig erkalten lassen und mit Puderzucker bestauben.

Ananas-Dinkel-Plätzchen

DAS BRAUCHT MAN

50 g Dinkelkörner
200 g getrocknete Ananas
4 cl Rum
100 g Sonnenblumenkerne
50 g Sesamsamen
100 g Mandelblättchen
3 leicht gehäufte EL Vollkornmehl
50 g Butter oder Margarine
1/8 l Milch
1/8 l Sahne
1 Prise Salz
1 Päckchen Vanillezucker
200 g Honig

AUSSERDEM

runde Backoblaten

1. Die Dinkelkörner in eine Schüssel geben und über Nacht in kaltem Wasser einweichen.
2. Die getrocknete Ananas in sehr feine Stückchen schneiden. In eine Schüssel geben, mit Rum beträufeln, ca. 30 Minuten marinieren.
3. Die Sonnenblumenkerne in einer trockenen Pfanne leicht rösten.
4. Mit den Sonnenblumenkernen, dem Sesam, den Mandeln, den gut abgetropften Dinkelkörnern und dem Vollkornmehl vermischen.
5. Die Butter oder Margarine mit der Milch und der Sahne in einen Topf geben und einmal aufkochen lassen.
6. Das Salz, den Vanillezucker und den Honig dazugeben und unter ständigem Rühren 4-5 Minuten köcheln lassen.
7. Die Ananasstücke und die Körnermischung dazugeben und unter ständigem Rühren weitere 5-6 Minuten köcheln lassen, so lange bis sich die Masse leicht eingedickt hat.
8. Die Masse mit einem Messer auf die Backoblaten streichen und diese auf ein Backblech setzen.
9. Im auf 180-200 Grad vorgeheizten Backofen 20-25 Minuten backen. Herausnehmen, auf ein Kuchengitter setzen und abtrocknen lassen.
10. Die Plätzchen je nach Geschmack mit Schokoladenglasur überziehen. Vollständig abtrocknen lassen und zum weiteren Verzehr bereitstellen.

Walnußstreusel

DAS BRAUCHT MAN

1 Eigelb
150 g Butter oder Margarine
150 g Honig
1 Prise Salz
100 g gehackte Walnüsse
1 EL geriebene Zitronenschale
1 TL Zimtpulver
200 g Vollkornmehl

AUSSERDEM

1 kleines Glas Pflaumenmarmelade
Vollkorn-Oblaten

1. Das Eigelb mit der Butter oder Margarine in eine Schüssel geben und schaumig schlagen.
2. Den Honig und das Salz dazugeben und kräftig darunter schlagen.
3. Die gehackten Walnüsse, die Zitronenschale und das Zimtpulver sowie das Vollkornmehl miteinander vermischen.
4. Die Hälfte davon in die Fettmasse einrühren.
5. Die andere Hälfte dazugeben und Streusel herstellen.
6. Die Streusel im Kühlschrank mindestens eine Stunde ruhen lassen, sie müssen ganz fest werden.
7. Anschließend ein Backblech mit Backtrennpapier auslegen.
8. Die Oblaten gleichmäßig darauf verteilen.
9. Von gut der Hälfte der Streuselmasse ca. 15 Zentimeter lange dünne Rollen formen.
10. Die Rollen kranzförmig auf die Oblaten legen und mit einem Gabelrücken leicht andrücken.
11. In die Mitte jedes Kranzes mit einem Teelöffel Pflaumenmarmelade geben. Die restlichen Streusel auf der Pflaumenmarmelade verteilen und ebenfalls leicht andrücken.
12. Das Ganze im auf 180-200 Grad vorgeheizten Backofen 10-15 Minuten backen.
13. Anschließend die Plätzchen auf ein Kuchengitter geben. Die Plätzchen gut auskühlen lassen und zum weiteren Verzehr bereitstellen.

Paradies-Kuchen

DAS BRAUCHT MAN

4 Eiweiß, 6 Eigelb, 250 g Zucker
1 Vanilleschote
250 g Butter
2 EL geriebene Orangenschale
50 g gehackte Mandeln
Backtrennpapier
60 g Puderzucker zum Bestäuben
50 g gehackte Pistazienkerne
250 g Mehl
1 Msp. Backpulver
Puderzucker zum Bestäuben

1. Vier Eiweiß mit zwei Eßlöffel Zucker steif schlagen.
2. Das Eigelb mit dem restlichen Zucker schaumig schlagen.
3. Die Vanilleschote der Länge nach halbieren und das Mark herausschaben.
4. Die geschmolzene Butter mit dem Vanillemark und der Orangenschale verrühren.
5. Die Mandeln in einer Pfanne ohne Fett unter Rühren goldgelb anrösten.
6. Ein Backblech mit etwas Butter ausfetten und Backtrennpapier darauf legen. Anschließend das Backtrennpapier ebenfalls ausfetten. Das Ganze dick mit Puderzucker bestäuben und gleichmäßig mit den gerösteten Mandeln und den Pistazien bestreuen.
7. Zuerst das Mehl mit dem Backpulver vermischt langsam unter die Eigelbmasse rühren. Anschließend die Buttermasse und zuletzt das Eiweiß vorsichtig unterziehen.
8. Den Teig mit einem Tortenheber dünn auf das vorbereitete Backblech streichen.
9. Den Kuchen in den auf 160 Grad vorgeheizten Backofen schieben und sofort die Temperatur auf 100 Grad reduzieren. 60 Minuten mehr trocknen als backen lassen.
10. Nach dem Backen den Kuchen vom Rand des Blechs lösen und noch heiß auf ein großes Brett oder Tuch stürzen.
11. Den Paradieskuchen noch warm in Rechtecke schneiden. Anrichten, mit Puderzucker leicht bestäuben und sofort servieren.

Großmutters Früchtestollen

DAS BRAUCHT MAN

1/4 l lauwarme Milch
1 Päckchen Hefe
2 EL Zucker
800 g Mehl
1 Päckchen Vanillezucker
75 g Zucker,
250 g zerlassene Butter oder Margarine
50 g Zitronat
50 g Orangeat
200 g Rumrosinen
100 g Korinthen
50 g gehackte Mandeln
50 g gehackte Haselnüsse
1 TL Zimt
1 Msp. Muskat
1 Msp. Kardamom
75 g zerlassene Butter oder Margarine
75 g Puderzucker.

1. Die lauwarme Milch in eine Schüssel geben. Die Hefe hineinbröckeln und den Zucker dazugeben. Zugedeckt an einem warmen Ort 10-15 Minuten gehen lassen.
2. Das Mehl in eine Schüssel sieben. Den Vanillezucker und den Zucker dazugeben und alles gut miteinander vermischen.
3. Die Hefemilch mit der zerlassenen Butter oder Margarine, dem Zitronat, dem Orangeat, den Rumrosinen, den Korinthen, den Nüssen und den Gewürzen zum Mehl geben. Das Ganze zu einem glatten kompakten Teig verarbeiten.
4. Den Teig mit einem Kochlöffel so lange schlagen bis er Blasen wirft und zugedeckt an einem warmen Ort mindestens 1/2 Stunde gehen lassen. Nochmals gut durcharbeiten und erneut 30 Minuten gehen lassen.
5. Den Teig herausnehmen und auf einer bemehlten Arbeitsfläche nochmals gut durchkneten. Zu einem Stollen formen und auf ein mit Backpapier ausgelegtes Backblech legen. An einem warmen Ort so lange gehen lassen bis er sich um etwa die Hälfte vergrößert hat.
6. Im auf 180 Grad vorgeheizten Backofen 50-60 Minuten backen. Den Stollen herausnehmen und sofort nach dem Backen mit der Butter bestreichen. Dick mit Puderzucker bestreuen, gut auskühlen lassen. Gut verpackt einige Tage ruhen lassen und erst dann zum Verzehr bereitstellen.

Adventskuchen

DAS BRAUCHT MAN

300 g Butter oder Margarine
275 g Zucker
1 Päckchen Vanillezucker
1 Prise Salz
einige Tropfen Rumaroma
1 EL geriebene Zitronenschale
1 TL geriebene Orangenschale
5 Eier
375 g Mehl, 1 Päckchen Backpulver
Semmelbrösel zum Bestreuen
1 Becher Schokoladenglasur
Marzipanherzen- und sterne

1. Die Butter oder Margarine in eine Schüssel geben und schaumig schlagen.
2. Den Zucker, den Vanillezucker, das Salz, das Rumaroma, die Zitronenschale und die Orangenschale dazugeben und so lange rühren bis sich der Zucker vollständig aufgelöst hat.
3. Die Eier nach und nach darunter schlagen.
4. Das Mehl sieben, mit dem Backpulver vermischen und unter den Teig mischen.
5. Eine Gugelhupfform ausfetten und mit Semmelbrösel bestreuen.
6. Den Teig einfüllen und im auf 180-200 Grad vorgeheizten Backofen 20-25 Minuten backen.
7. Den Kuchen herausnehmen, kurz auskühlen lassen. Anschließend aus der Form stürzen und vollständig erkalten lassen.
8. Die Schokoladenglasur nach Anweisung zubereiten und den Kuchen damit überziehen. Kurz antrocknen lassen und mit den Marzipanherzen und -sternen ausgarnieren.

Mandolettis

DAS BRAUCHT MAN

125 g weiße Schokolade
75 g Kokosfett
3 EL Crème fraîche
1 TL geriebene Zitronenschale
einige Tropfen Rumaroma
1 Päckchen Vanillezucker
150 g Puderzucker
250 g gemahlene Mandeln
50 g Löffelbisquit

AUSSERDEM

weiße Schokoladenglasur
Nougatglasur

1. Die weiße Schokolade mit dem Kokosfett und der Crème fraîche in einen Topf geben und im Wasserbad schmelzen lassen.
2. Die Masse vom Feuer nehmen und leicht erkalten lassen. Die Zitronenschale, das Rumaroma, den Vanillezucker und den Puderzucker unterrühren.
3. Die gemahlenen Mandeln und den fein zerriebenen Löffelbisquit dazugeben. Alles zu einer glatten kompakten Masse verarbeiten.
4. Die Masse kaltstellen und sobald sie sich formen läßt, Kugeln abdrehen.
5. Die Mandolettis mit weißer Schokoladenglasur oder Nougatglasur überziehen. Vollständig abtrocknen lassen und zum weiteren Verzehr bereitstellen.

Schwäbische Schokoschnittle

DAS BRAUCHT MAN

2 Eier, 2 Eigelb
200 g Puderzucker
2 Päckchen Vanillezucker
einige Tropfen Rumaroma
125 g Butter oder Margarine
250 g Kokosfett
300 g Blockschokolade
8-10 große rechteckige Backoblaten
Alufolie

1. Die Eier mit dem Eigelb, dem Puderzucker und dem Vanillezucker in eine Schüssel geben und schaumig schlagen.
2. Mit Rumaroma aromatisieren.
3. Die Butter oder Margarine mit dem Kokosfett und der Blockschokolade hacken. In eine feuerfeste Schüssel geben und im Wasserbad schmelzen lassen.
4. Die Schokomasse miteinander verrühren. Noch warm tropfenweise unter den Eischaum ziehen.
5. Eine große Backoblate auf eine Arbeitsfläche legen und dünn mit der Schokocreme bestreichen. Eine zweite Backoblate darauf setzen und wieder mit Schokocreme bestreichen. Schichtweise Schokocreme und Oblaten darauf setzen bis alles aufgebraucht ist.
6. Das Rechteck nun in Alufolie einwickeln und mit einem schweren Gegenstand über Nacht bedeckt kühl stellen.
7. Die Platten bis zum Verbrauch in der Folie belassen. Anschließend in Rauten oder Rechtecke schneiden und sofort servieren.

Rumkugeln

DAS BRAUCHT MAN

2 Eier
200 g Zucker
1 Päckchen Vanillezucker
250 g Löffelbisquit
4 cl Rum
2 EL Kakaopulver
200 g Kokosfett
100 g Vollmilchschokolade

AUSSERDEM

Kokosflocken
Zuckerstreusel
geriebene Nüsse
Schokoladenstreusel

1. Die Eier mit dem Zucker und dem Vanillezucker in eine Schüssel geben und schaumig schlagen.
2. Den Löffelbisquit sehr fein mahlen. Mit dem Rum und dem Kakaopulver unter den Eischaum rühren.
3. Das Kokosfett und die Vollmilchschokolade in einen Topf geben und unter ständigem Rühren schmelzen lassen.
4. Die Schokoladenmasse vom Feuer nehmen und leicht abkühlen lassen.
5. Die Schokoladenmasse gleichmäßig unter die restlichen Zutaten arbeiten und weiter abkühlen lassen.
6. Sobald sich die Masse formen läßt, zu Kugeln abdrehen.
7. Die Schokoladenkugeln in Kokosflocken, Zuckerstreusel, geriebenen Nüssen, Schokoladenstreusel oder sehr feinem Zucker wälzen. Vollständig abtrocknen lassen und zum weiteren Verzehr bereitstellen.

Sesam-Plätzchen mit Früchten

DAS BRAUCHT MAN

75 g getrocknete Feigen
75 g getrocknete Datteln
50 g Zitronat und Orangeat
150 g Mandelblättchen
60 g Sesamsamen, 1 Prise Salz
2 EL Vollkornmehl
1/8 l Milch, 1/8 l Sahne
50 g Butter oder Margarine
100 g Honig
1 Päckchen Vanillezucker

AUSSERDEM

Vollkorn-Oblaten
100 g Zartbitter-Schokolade

1. Die Feigen, die Datteln, das Zitronat und das Orangeat in sehr feine Würfel schneiden.
2. Die Mandelblättchen, die Sesamsamen, das Salz und das Vollkornmehl dazugeben und alles gut miteinander vermischen.
3. Die Milch mit der Sahne und der Butter oder Margarine in einen Topf geben. Den Honig, den Vanillezucker einrühren. Unter ständigem Rühren aufkochen lassen.
4. Die Frucht-Nuß-Mischung dazugeben und unter ständigem Rühren ca. 5-6 Minuten leicht köcheln lassen, bis die Masse fest wird.
5. Anschließend vom Feuer nehmen und leicht erkalten lassen.
6. Die Masse mit einem Messer auf die Oblaten streichen und diese auf ein Backblech setzen. Im auf 180-200 Grad vorgeheizten Backofen 20-25 Minuten backen.
7. Herausnehmen, vollständig erkalten lassen. Mit der im Wasserbad zerlassenen Schokolade überziehen. Vollständig abtrocknen lassen und zum weiteren Verzehr bereitstellen.

Nußschaum-Häufchen

DAS BRAUCHT MAN

5 Eiweiß
1 Prise Salz
400 g feinen Zucker
2 Päckchen Vanillezucker
1 EL geriebene Zitronenschale

AUSSERDEM

runde Backoblaten (44 mm Durchmesser)
Belegkirschen
Nußkerne (Mandeln, Haselnüsse oder Pistazienkerne)
1 Tasse gehackte Nüsse

1. Das Eiweiß mit dem Salz in eine Schüssel geben und schaumig schlagen.
2. Den Zucker und den Vanillezucker mit der Zitronenschale vermischen und unter ständigem Schlagen in den Eischaum einrieseln lassen.
3. Backoblaten auf einem Backblech auslegen. Die Oblaten mit halbierten Belegkirschen und Nußkernen belegen.
4. Den Eischnee in einen Spritzbeutel mit Sterntülle füllen.
5. Die Masse gleichmäßig auf die Belegkirschen und Nüsse spritzen.
6. Die Plätzchen mit den gehackten Nüssen bestreuen. Das Ganze im auf 75-90 Grad vorgeheizten Backofen 4-5 Stunden mehr trocknen als backen.
7. Nach Ende der Backzeit herausnehmen. Vollständig erkalten lassen und zum weiteren Verzehr bereitstellen.

Schnelle Kokoshäppchen

DAS BRAUCHT MAN

5 Eiweiß
1 Prise Salz
250 g feinen Zucker
2 Päckchen Vanillezucker
250 g Kokosflocken

AUSSERDEM

runde Backoblaten (44 mm Durchmesser)

1. Das Eiweiß mit dem Salz in eine Schüssel geben und sehr steif schlagen.
2. Den Zucker mit dem Vanillezucker vermischen und unter ständigem Schlagen einrieseln lassen.
3. Die Kokosflocken vorsichtig unterheben.
4. Mit zwei Teelöffel portionsweise kleine Häufchen auf die Backoblaten setzen.
5. Die Backoblaten auf ein Backblech geben. Im auf 160-170 Grad vorgeheizten Backofen 20-25 Minuten backen.
6. Herausnehmen und erkalten lassen. Zum weiteren Verzehr bereitstellen.

Altbayerische Lebkuchen

DAS BRAUCHT MAN

250 g Honig
125 g Farinzucker
375 g Mehl
1 Päckchen Backpulver
50 g Zitronat
50 g Orangeat
100 g geriebene Haselnüsse
50 g gehackte Mandeln
1 EL geriebene Zitronenschale
1 Päckchen Lebkuchengewürz
1 TL Zimtpulver
1/8 l Milch
1 Ei

AUSSERDEM

Zitronenglasur
Schokoladenglasur

1. Den Honig mit dem Zucker in einen Topf geben und unter ständigem Rühren erhitzen.
2. Das Mehl mit dem Backpulver vermischen und in eine Schüssel sieben.
3. Das Zitronat, das Orangeat, die Haselnüsse, die Mandeln, die Zitronenschale und die Gewürze zum Mehl geben. Alles gut trocken mit einenader vermischen.
4. Die Milch, das Ei und die Honigmasse zum Mehl geben. Das Ganze zu einem glatten Teig verarbeiten.
5. Ein tiefes Backblech mit Backtrennpapier auslegen und einfetten. Den Teig auf die Folie streichen und im auf 180 Grad vorgeheizten Backofen 25-35 Minuten je nach Dicke des Teiges backen.
6. Den gebackenen Lebkuchenteig herausnehmen, die Folie entfernen und Rechtecke ausschneiden.
7. Die Lebkuchen mit Schokoladenglasur überziehen. Vollständig abtrocknen lassen und zum weiteren Gebrauch bereitstellen.

Aprikosenplätzchen

DAS BRAUCHT MAN

400 g Weizenmehl, 2 Eigelb
120 g Zucker
2 Päckchen Vanillezucker
1 Prise Salz
1 TL geriebene Zitronenschale
1 TL geriebene Orangenschale
1 Msp. Zimt, 1 Prise Nelkenpulver
250 g Butter oder Margarine
1 kleines Glas Aprikosenkonfitüre
2 cl Rum
Puderzucker zum Bestreuen

1. Das Mehl auf eine Arbeitsfläche sieben und eine Mulde eindrücken. Das Eigelb in die Mulde geben.
2. Den Zucker, den Vanillezucker, das Salz, die Zitronenschale, die Orangenschale, den Zimt und das Nelkenpulver miteinander vermischen, über das Mehl streuen. Die Butter oder Margarine in Flöckchen daraufsetztzen.
3. Mit bemehlten Händen von außen nach innen schnell zu einem glatten festen Teig verkneten.
4. Den Teig in ein feuchtes Küchentuch wickeln und im Kühlschrank mindestens eine Stunde ruhen lassen.
5. Die Aprikosenkonfitüre mit dem Rum in einem Topf unter ständigem Rühren erhitzen und durch ein Sieb streichen.
6. Den kalten Teig auf einer bemehlten Arbeitsfläche etwa 5 mm dünn ausrollen.
7. Aus der Hälfte des Teiges runde Plätzchen und aus der anderen Hälfte Ringe ausstechen.
8. Plätzchen und Ringe auf ein mit Backpapier ausgelegtes Backblech setzen und im auf 180-200 Grad vorgeheizten Backofen 10-15 Minuten goldgelb backen.
9. Herausnehmen, die Plätzchen auf der Unterseite dünn mit der angerührten Konfitüre bestreichen, dann die Ringe darauflegen.
10. Die Aprikosenplätzchen mit Puderzucker bestreuen und in die Mitte nochmals etwas Marmelade geben. Vollständig abtrocknen lassen und servieren.

Schokoladenplätzchen mit Mandeln

DAS BRAUCHT MAN

350 g Zucker
6 Eier
120 g gemahlene Mandeln
180 g Vollmilchschokolade
1 TL Zimt
600 g Mehl
1 TL Backpulver

AUSSERDEM

1 Päckchen schwarze Kuchenglasur
einige Tropfen Rumaroma
Pistazien zum Verzieren

1. Den Zucker und die Eier in eine Schüssel geben und schaumig schlagen.
2. Die Mandeln mit der geriebenen Vollmilchschokolade vorsichtig unter die Masse heben.
3. Den Zimt, das Mehl und das Backpulver miteinander vermischen und vorsichtig unter die Eimasse rühren.
4. Den Teig in einen Spritzbeutel füllen und auf ein mit Backpapier ausgelegtes Backblech kleine Kränze aufspritzen.
5. Das Backblech in den auf 180 Grad vorgeheizten Backofen schieben und je nach Größe der Plätzchen 10-15 Minuten backen.
6. Die Plätzchen herausnehmen und auskühlen lassen.
7. Die Kuchenglasur nach Anweisung zubereiten und mit Rumaroma aromatisieren. Die Plätzchen damit überziehen und mit Pistazien garnieren. Die Glasur vollständig abtrocknen lassen und die Schokoladenplätzchen zum weiteren Verzehr bereitstellen.

hn-

r

stiger)

e

1. Das Eiweiß mit dem Salz in eine Schüssel geben und schaumig schlagen.
2. Den Zucker, den Vanillezucker und das san apart miteinander vermischen und unter ständigem Schlagen einrieseln lassen.
3. Die Rumrosinen mit den Haselnüssen, den Walnüssen vermischen und vorsichtig unter den Eischnee heben.
4. Den gemahlenen Mohn mit dem Mehl vermischen und unter die Masse ziehen.
5. Mit zwei Teelöffel kleine Häufchen auf die Oblaten setzen und diese auf ein Backblech geben.
6. Im auf 180-200 Grad vorgeheizten Backofen 15-20 Minuten backen.
7. Die Rosinen-Mohn-Häufchen herausnehmen und auf ein Gitter setzen. Vollständig erkalten lassen.
8. Die helle Schokoladenglasur und die Nußglasur in zwei Schüsselchen schmelzen lassen. Die Häufchen damit überziehen oder beträufeln.
9. Mit Rosinen garnieren, vollständig abtrocknen lassen und zum weiteren Verzehr bereitstellen.

Großmutters Schokokuchen

DAS BRAUCHT MAN

4 Eiweiß, 1 Prise Salz
4 EL Weinbrand, 200 g Zucker
1 Päckchen Vanillezucker
5 Eigelb, 1/4 TL Zimt
60 g Halbbitterschokolade
40 g Vollmilchschokolade
40 g Stärkemehl, 50 g Mehl
1 Msp. Backpulver
8 rote Belegkirschen
Butter zum Aufetten
1/2 EL Kakaopulver
1 Eiweiß, 75 g Puderzucker

1. Das Eiweiß mit dem Salz zu steifem Schnee schlagen. Zwei Eßlöffel Weinbrand, den Zucker und de Vanillezucker darunter schlagen. Im heißen Wasserbad mit dem Schneebesen unter ständigem Rühren cremig-fest schlagen, maximal 10 Minuten. Anschließend in eine große Schüssel füllen.
2. Das Eigelb, den Zimt, die feingeriebene Schokolade und einen Eßlöffel Weinbrand einrühren.
3. Das Stärkemehl, das Mehl und das Backpulver vermischen.
4. Die Belegkirsche fein hacken.
5. Eine Napfkuchenform (1 1/4 l Inhalt) gut einfetten und mit Kakaopulver bestauben.
6. Die Mehlmischung zur Eimasse geben, kurz unterheben. Die gehackten Kirschen unterziehen, sofort in die vorbereitete Form füllen.
7. Den Kuchen im auf 180-200 Grad vorgeheizten Backofen 40 Minuten. Die Temperatur auf 150 Grad reduzieren und weitere 20 Minuten backen. Nach dem Backen 10 Minuten im ausgeschalteten Backofen ruhen lassen und nach dem Herausnehmen weitere 10 Minuten in der Form stehen lassen.
8. Anschließend auf ein Kuchengitter stürzen und vollständig auskühlen lassen.
9. Aus dem Eiweiß, dem restlichen Weinbrand und dem Puderzucker eine Glasur bereiten und den Kuchen damit überziehen. Vollständig abtrocknen lassen und servieren.

Aprikosen-Makronen-Torte

DAS BRAUCHT MAN

125 g Butter oder Margarine
100 g Zuckerrübensirup
3 Eigelb
1 Prise Salz
1/2 TL Zimtpulver
150 g Mehl
1 TL Backpulver
50 g gemahlene Haselnüsse
2 cl Weinbrand
2 Obstkuchen-Oblaten
1 große Dose Aprikosenhälften
3 Eiweiß
1 Prise Salz
100 g Zuckerrübensirup
3 TL san apart (Sahnesteif)
50 g gemahlene Haselnüsse
100 g gehackte Haselnüsse
Puderzucker zum Bestauben

1. Die Butter oder Margarine mit dem Zuckerrübensirup in eine Schüssel geben und schaumig schlagen.
2. Das Eigelb nach und nach kräftig darunterschlagen. Die Masse mit Salz und Zimt verfeinern.
3. Das Mehl sieben. Mit dem Backpulver und den Haselnüsse vermischen und abwechselnd mit dem Weinbrand unter die Masse heben.
4. Eine Springform mit Butter oder Margarine ausfetten und je nach Bedarf mit Semmel- oder Zwiebackbrösel bestreuen.
5. Den Teig in die Springform füllen und glattstreichen. Mit den Oblaten abdecken und die gut abgetropften Aprikosenhälften gleichmäßig darauflegen.
6. Das Eiweiß mit dem Salz steif schlagen. Anschließend den Sirup tropfenweise darunterschlagen. Das san apart zufügen und kräftig darunterschlagen.
7. Die gemahlenen und gehackten Nüsse unter die Masse heben und gleichmäßig auf den Aprikosen verteilen.
8. Das Ganze im auf 180-200 vorgeheizten Backofen 60-70 nuten backen.
9. Je nach Bedarf mit Alufolie Pergamentpapier abdecken, dam der Kuchen nicht zu dunkel wird.
10. Anschließend die Torte aus dem Ofen nehmen, leicht erkalten lassen. Aus der Form nehmen und vollständig auskühlen lassen. Mit Puderzucker bestauben, ausgarnieren und servieren.

Weihnachts-flockentorte

DAS BRAUCHT MAN

250 g Haferflocken
125 g Butter oder Margarine
4 Eier
100 g Zucker
700 g entsteinte Sauerkirschen
2 Obstkuchen-Oblaten
Butter oder Margarine zum Ausfetten

1. Die Haferflocken im zerlassenen Fett ganz hell rösten bis sie das Fett aufgesaugt haben und anschließend abkühlen lassen.
2. Die Eier trennen, das Eigelb mit dem Zucker cremig rühren. 3/4 der Flocken unter die Eimasse ziehen.
3. Das Eiweiß steif schlagen, vorsichtig unter den Teig heben.
4. Eine Springform gut ausfetten, den Teig einfüllen, glattstreichen. Mit den beiden Obstkuchen-Oblaten abdecken. Anschließend die abgetropften Sauerkirschen gleichmäßig darauf verteilen und mit den restlichen gerösteten Haferflocken bestreuen.
5. Im auf 180-200 Grad vorgeheizten Backofen 40-45 Minuten backen.
6. Herausnehmen, auskühlen lassen, anrichten und je nach Geschmack garnieren.

Ingwer-Tröpfchen

DAS BRAUCHT MAN

75 g getrocknete Pflaumen
4 cl Weinbrand
30 g Ingwernüsse in Sirup
100 g Zuckerrübensirup
30 g Butter oder Margarine
75 g gehackte Mandeln
75 g gehackte Haselnüsse
75 g gemahlene Mandeln
1 Prise Ingwerpulver

AUSSERDEM

runde Vollkorn-Oblaten
(44 mm Durchmesser)
kandierte Ingwernüsse
75 g Vollmilchschokolade

1. Die Pflaumen in sehr feine Würfel schneiden. In eine Schüssel geben, mit Weinbrand übergießen und über Nacht marinieren.
2. Am nächsten Tag die Ingwernüsse in feine Würfel schneiden und zu den Pflaumen geben.
3. Den Zuckerrübensirup mit der Butter oder Margarine in einen Topf geben und unter ständigem Rühren erhitzen.
4. Die Pflaumen, die Ingwernüsse, die gehackten Mandeln, die gehackten Haselnüsse und die gemahlenen Mandeln dazugeben. Unter Rühren einmal aufkochen lassen.
5. Vom Feuer nehmen und mit Ingwerpulver aromatisieren.
6. Mit zwei Teelöffel kleine Häufchen abnehmen und diese auf die Vollkorn-Oblaten setzen.
7. Das Konfekt auf ein Backblech geben. Im auf 180-200 Grad vorgeheizten Backofen 5-8 Minuten überbacken.
8. Herausnehmen und erkalten lassen. Mit je einem Stückchen kandierter Ingwernuß belegen.
9. Die Vollmilchschokolade raspeln. In eine feuerfeste Schüssel geben und unter ständigem Rühren im Wasserbad schmelzen lassen.
10. Die flüssige Schokolade in Tropfen auf das Ingwerkonfekt geben, vollständig abtrocknen lassen. Zum weiteren Verzehr bereitstellen.

Festtagskerzen

DAS BRAUCHT MAN

4 Eier
100 g Zucker
1 Päckchen Vanillezucker
1 Prise Salz
50 g gemahlene Mandeln
50 g Mehl
25 g Speisestärke
1 Msp. Backpulver

AUSSERDEM

Butter oder Margarine zum Ausfetten
Semmelbrösel zum Bestreuen
1 Becher Kuchenglasur nach Wahl
farbige Zuckerspritzglasur
100 g Marzipan-Rohmasse
100 g Puderzucker
Lebensmittelfarben
1 Becher Zuckerglasur weiß

1. Die Eier mit dem Zucker, dem Vanillezucker und dem Salz in eine feuerfeste Schüssel geben. Auf dem Herd oder im Wasserbad schaumig schlagen.
2. Den Schaum vom Feuer nehmen und kaltschlagen.
3. Die Mandeln unter den Schaum heben.
4. Das Mehl mit der Speisestärke und dem Backpulver vermischen. Auf den Teig sieben und vorsichtig unterheben.
5. Weißblechdosen oder entsprechende Backformen mit Butter oder Margarine ausfetten und mit Semmelbrösel ausstreuen. Den Teig bis gut zur Hälfte einfüllen und im auf 180-200 Grad vorgeheizten Backofen 25-35 Minuten abbacken.
6. Herausnehmen, den Teig aus der Form lösen und vollständig erkalten lassen.
7. Die Kerzen mit Kuchenglasur nach Wahl überziehen und abtrocknen lassen. Mit farbiger Zuckerspritzglasur verzieren.
8. Die Marzipan-Rohmasse mit dem Puderzucker anwirken und mit gelber Lebensmittelfarbe einfärben. Flammen formen und diese auf die Kerzen setzen.
9. Die Zuckerglasur ähnlich wie ablaufendes Wachs auf die Kerzen gießen, vollständig abtrocknen lassen und servieren.

Zitronella für Steffi

DAS BRAUCHT MAN

250 g Kokosfett
2 Eier
150 g Puderzucker
Saft von 1 Zitrone
1 TL geriebene Zitronenschale
150 g Kokosflocken
200-250 g Spekulatius
Backtrennpapier
weiße oder dunkle Schokoladenglasur
Mandelblättchen zum Bestreuen
Weingummi oder Gummibärchen zum Garnieren

1. Das Kokosfett erwärmen und wieder erkalten lassen.
2. Die Eier, den Puderzucker, den Zitronensaft und die Zitronenschale in eine Schüssel geben und schaumig schlagen.
3. Die Kokosflocken unterziehen und das Kokosfett tropfenweise einrühren.
4. Eine Form mit Backtrennpapier auslegen und eine Schicht Spekulatius darauf legen. Schichtweise Kokosmasse und Spekulatius einschichten.
5. Das Ganze vollständig abtrocknen lassen und mit weißer oder dunkler Schokoladenglasur überziehen.
6. Mit Mandelblättchen bestreuen und mit Weingummi garnieren. Vollständig abtrocknen lassen und servieren.

Weihnachtskorb

DAS BRAUCHT MAN

500 g Mehl
1 Päckchen Trockenhefe
1/4 l warme Milch, 1 Prise Salz
125 g Butter oder Margarine
125 g Zucker
2 Eigelb, 1 Ei
50 g geriebene Mandeln
3 verschieden große, feuerfeste Schüsseln
Mehl zum Bestauben
Schokoladenfiguren, Pralinen oder anderes Zuckerwerk zum Garnieren

1. Das Mehl mit der Hefe in eine Schüssel geben und vermischen.
2. Die lauwarme Milch mit dem Salz, der flüssigen Butter oder Margarine, dem Zucker, dem Eigelb, dem Ei und den Mandeln dazugeben und alles zu einem glatten Teig verarbeiten.
3. Den Teig mit dem Kochlöffel so lange schlagen bis er Blasen wirft. Zugedeckt an einem warmen Ort zur doppelten Menge aufgehen lassen.
4. Anschließend den Teig nochmal kräftig durcharbeiten und auf einer bemehlten Arbeitsfläche zu einem 30x40 Zentimeter großen Rechteck ausrollen.
5. Mit einem Messer etwa 3 Zentimeter breite Streifen abschneiden und diese zu Rollen formen. Je 4 Rollen zu einem Zopf zusammenflechten.
6. Die Schüsseln mit der Öffnung nach unten auf ein Backblech setzen. Diese mit Butter oder Margarine einfetten und mit Mehl bestauben.
7. Je einen Zopf um eine Schüssel legen und an den Enden gut zusammendrücken. Die Zöpfe je nach Größe im auf 180-200 Grad vorgeheizten Backofen 20-30 Minuten backen.
8. Die Teigringe erkalten lassen. Übereinandersetzen und die Öffnung mit Schokoladenfiguren, Pralinen oder anderem Zuckerwerk füllen, anrichten und servieren.

Käse-Sahne-Creme

DAS BRAUCHT MAN

4 Eier
3/4 Tasse Wasser
200 g Zucker
1 Beutel biskuit apart
1 TL geriebene Zitronenschale
1 Päckchen Vanillezucker
150 g Mehl
75 g Speisestärke
1 TL Backpulver
50 g flüssige Butter oder Margarine

AUSSERDEM

1/2 l Sahne
75 g san apart (Sahnesteif)
2 Päckchen Vanillezucker
Zucker nach Geschmack
1 kleines Glas Aprikosenkonfitüre
Puderzucker zum Bestauben

1. Die Eier mit dem Wasser, dem Zucker, dem Vanillezucker, der Zitronenschale und dem biskuit apart in eine Schüssel geben und schaumig schlagen.
2. Das Mehl mit der Speisestärke und dem Backpulver vermischen. Auf den Teig sieben und vorsichtig unterheben. Die zerlassene Butter tropfenweise einrühren.
3. Eine Springform mit Butter oder Margarine ausfetten. Den Teig einfüllen und im auf 180-200 Grad vorgeheizten Backofen 25-35 Minuten backen.
4. Herausnehmen, auf ein Kuchengitter stürzen und vollständig auskühlen lassen.
5. Die Sahne mit der Hälfte des san apart mit dem Vanillezucker steif schlagen. Je nach Geschmack leicht zuckern.
6. Die Hälfte der Aprikosenkonfitüre unter den Quark rühren. Beide Massen und das restlichen san apart miteinander vermischen.
7. Von dem Bisquit einen ein Zentimeter dicken Deckel abschneiden und diesen in 12 gleich große Ecken teilen.
8. Den Boden in einen Tortenring geben, mit der restlichen Konfitüre bestreichen. Je nach Geschmack mit Früchten belegen und die Käsecreme gleichmäßig darauf verteilen.
9. Die Bisquitecken in der richtigen Reihenfolge schräg bzw. gefächert aufsetzen, leicht andrücken.
10. Den Tortenring entfernen. Den Tortenrand mit der restlichen Quarkmasse bestreichen.
11. Die Torte mit Puderzucker bestreichen. Vollständig auskühlen lassen und servieren.

Haselnußmakronen

DAS BRAUCHT MAN

4 Eigelb
125 g Puderzucker
1 Prise Salz
einige Tropfen Rumaroma
200 g gemahlene Haselnüsse

AUSSERDEM

runde Backoblaten

1. Das Eigelb mit dem Puderzucker und dem Salz in eine Schüssel geben und schaumig schlagen.
2. Den Eigelbschaum mit einigen Tropfen Rumaroma aromatisieren und die Nüsse vorsichtig unterheben.
3. Die Backoblaten auf einem bemehlten Backblech auslegen.
4. Mit zwei Teelöffeln kleine Häufchen von der Nußmasse abstechen und auf die Backoblaten setzen.
5. Das Backblech in den auf 160-180 Grad vorgeheitzen Backofen schieben und je nach Größe 15-20 Minuten backen.
6. Die Haselnußmakronen herausnehmen und zum weiteren Verzehr bereitstellen.

Nußbisquit mit Früchten

DAS BRAUCHT MAN

4 Eier
100 g Zucker
2 EL Wasser
1 Beutel biskuit apart
1 Prise Ingwerpulver
1 Prise Zimtpulver
2 cl Weinbrand
100 g gemahlene Haselnüsse
1-2 EL Mehl
Butter oder Margarine zum Ausfetten

AUSSERDEM

2-3 EL Fruchtgelee
500 g exotische Früchte
1/4 l Traubensaft
1 Päckchen klaren Tortenguß

1. Die Eier mit dem Zucker, dem Wasser und dem biskuit apart in eine Schüssel geben und mit dem Rührgerät schaumig aufschlagen.
2. Mit Ingwer, Zimt und Weinbrand aromatisieren und die Nüsse vorsichtig unterheben.
3. Das Mehl darüber sieben und ebenfalls unterrühren.
4. Eine Springform mit Butter oder Margarine ausfetten und den Teig einfüllen. Glattstreichen und im 180-200 Grad vorgeheizten Backofen 15-20 Minuten backen.
5. Den Boden aus der Form nehmen und vollständig auskühlen lassen.
6. Anschließend mit Fruchtgelee nach Wahl bestreichen. Mit den in dekorative Stücke geschnittenen Früchten belegen.
7. Den Traubensaft erhitzen und den Tortenguß nach Anweisung zubereiten. Die Früchte mit dem Guß überziehen. Vollständig erkalten lassen. Je nach Geschmack ausgarnieren und servieren.

Früchtemakronen

DAS BRAUCHT MAN

100 g getocknete Früchte (Ananas, Aprikosen, Äpfel oder Feigen)
4 cl Rum
3 Eiweiß
1 Prise Salz
150 g flüssigen Honig
1 TL geriebene Zitronenschale
einige Tropfen Rumaroma
350 g gehackte Mandeln
2 EL Vollkornmehl

AUSSERDEM

Vollkorn-Oblaten
100 g Vollmilch-Kuvertüre

1. Die getrockneten Früchte in sehr feine Würfel schneiden. In eine Schüssel geben, mit Rum beträufeln und mindestens eine Stunde marinieren lassen.
2. Anschließend das Eiweiß mit dem Salz in eine Schüssel geben und sehr steif schlagen.
3. Den Honig tropfenweise und unter ständigem Schlagen einträufeln.
4. Die Zitronenschale und das Rumaroma untermischen.
5. Die gehackten Mandeln mit dem Vollkornmehl vermischen und vorsichtig unter den Eischnee heben.
6. Die Masse mit zwei Teelöffel auf Backoblaten setzen und diese auf ein Backblech legen.
7. Im auf 150-160 Grad vorgeheizten Backofen 25-30 Minuten mehr trocknen als backen.
8. Nach der Backzeit herausnehmen, auskühlen lassen und mit der im Wasserbad geschmolzenen Vollmilch-Kuvertüre überziehen. Vollständig abtrocknen lassen und zum weiteren Verzehr bereitstellen.

Mandelhäppchen

DAS BRAUCHT MAN

2 Eiweiß
1 Prise Salz
175 g feinen Zucker
1 Päckchen Vanillezucker
125 g gemahlene Mandeln
1 TL Zimtpulver
1 Prise Nelkenpulver
geschälte Mandelkerne

AUSSERDEM

runde Backoblaten
(44 mm Durchmesser)
Nußglasur
gehackte Mandeln

1. Das Eiweiß mit dem Salz in eine Schüssel geben und sehr steif schlagen.
2. Den Zucker und den Vanillezucker miteinander vermischen und unter ständigem Schlagen einrieseln lassen.
3. Die gemahlenen Mandeln mit dem Zimtpulver und dem Nelkenpulver vermischen. Vorsichtig unter den Eischaum ziehen.
4. Mit zwei Teelöffel kleine Häufchen auf die Oblaten setzen.
5. Je einen Mandelkern in die Masse drücken und die Plätzchen auf ein Backblech geben.
6. Im auf 150-160 Grad vorgeheizten Backofen 20-25 Minuten backen.
7. Nach dem Backen herausnehmen und erkalten lassen. Mit der erwärmten Nußglasur überziehen.
8. Mit gehackten Mandeln bestreuen. Vollständig abtrocknen lassen und zum weiteren Verzehr bereitstellen.

Christkindls Mohnrolle

DAS BRAUCHT MAN

5 Eier
1 Tasse Wasser
150 g Zucker
1 Päckchen Vanillezucker
1 Prise Salz
1 Beutel biskuit apart
100 g Mehl
100 g gemahlenen Mohn
1 TL Backpulver
250 g Speisequark
2 Päckchen Vanillezucker
1 TL geriebene Zitronenschale
1/2 Tasse Eierlikör
2 Becher Sahne
2 EL san apart (Sahnesteif)
1 Dose Mandarinenfilets

1. Die Eier mit dem Wasser, dem Zucker, dem Vanillezucker und dem biskuit apart in eine Schüssel geben. Mit dem Rührgerät schaumig schlagen.
2. Das Mehl sieben. Mit dem gemahlenen Mohn und dem Backpulver vermischen. Vorsichtig unter die Eimasse heben.
3. Ein Backblech ausfetten und mit Backtrennpapier auslegen.
4. Den Teig gleichmäßig auf dem Backblech verstreichen. Im auf 180-200 Grad vorgeheizten Backofen 10-15 Minuten backen.
5. Herausnehmen, auf ein feuchtes Küchentuch stürzen. Das Backtrennpapier ablösen und zu einer Roulade zusammenrollen. Vollständig auskühlen lassen.
6. In der Zwischenzeit den Quark mit dem Vanillezucker, der Zitronenschale und dem Eierlikör glattrühren. Die Sahne mit dem san apart steif schlagen und mit der Quarkmasse vermischen.
7. Die Masse je nach Geschmack mit Zucker oder Honig süßen.
8. Die Roulade aufrollen. Mit 2/3 der Creme besteichen und erneut zusammenrollen. Mit der restlichen Creme gleichmäßig bestreichen. Mit den Mandarinenfilets garnieren und servieren.

Nikolaus-Nuß-Schnitten

DAS BRAUCHT MAN

5 Eier
1 Tasse Wasser
1 Prise Salz
1 TL Zimtpulver
1 Beutel biskuit apart
100 g Zucker
150 g gemahlene Haselnüsse
75 g Mehl
3 Becher Sahne
2 Päckchen Vanillezucker
2-3 EL Zucker
2-3 EL san apart (Sahnesteif)
100 g gehackte Haselnüsse
75 g Haselnußkrokant

1. Die Eier mit dem Wasser, dem Salz, dem Zimt, dem biskuit apart sowie dem Zucker in eine Schüssel geben und mit dem Rührgerät schaumig schlagen.
2. Die Haselnüsse mit dem gesiebten Mehl vorsichtig unter den Teig heben.
3. Ein Backblech ausfetten oder mit Backtrennpapier belegen und die Masse gleichmäßig darauf verteilen.
4. Im auf 180-200 Grad vorgeheizten Backofen 10-15 Minuten backen.
5. Anschließend herausnehmen. Auf ein feuchtes Küchentuch stürzen, das Backtrennpapier ablösen und vollständig auskühlen lassen.
6. Die Sahne mit dem Vanillezucker, dem Zucker und dem san apart steif schlagen. Ein Drittel der Masse abnehmen und die restliche Sahne mit den gehackten Haselnüssen vermischen.
7. Den Bisquit der Länge nach in drei gleich große Streifen schneiden. Zwei Böden mit der Nußfüllung gleichmäßig bestreichen. Übereinander legen und mit dem dritten Boden abdecken. Mit der restlichen Sahne die Ränder und die Oberfläche bestreichen und dekorativ Röschen aufsetzen. Die Ränder mit Haselnußkrokant bestreuen und das Ganze je nach Geschmack mit ganzen Haselnüssen ausgarnieren.

Ananas-Kokos-Rolle

DAS BRAUCHT MAN

5 Eier, 175 g Zucker
1 Päckchen Vanillezucker
1 Beutel biskuit apart
1 TL geriebene Zitronenschale
1 Prise Salz
1/2 Tasse Ananassaft
Saft von 1/2 Zitrone
2 Scheiben Ananas
100 g Kokosflocken
100 g Mehl, 1 TL Backpulver
3 Becher Sahne
3-4 EL san apart (Sahnesteif)
150 g Schokoraspel
3-4 Ananasscheiben

1. Die Eier mit dem Zucker, dem Vanillezucker, dem Salz, der Zitronenschale, dem biskuit apart, dem Ananassaft und dem Zitronensaft in eine Schüssel geben und mit dem Rührgerät schaumig schlagen.
2. In der Zwischenzeit die Ananasscheiben pürieren. Die Kokosflocken in einer trockenen Pfanne hellbraun rösten.
3. Anschließend das Ananasmus unter den Teig rühren. Die Kokosflocken mit dem gesiebten Mehl und dem Backpulver vermischen. Vorsichtig unter den Teig heben.
4. Ein Backblech mit Backtrennpapier auslegen. Den Teig gleichmäßig darauf verteilen und im 180-200 Grad vorgeheizten Backofen 10-15 Minuten backen.
5. Herausnehmen, auf ein feuchtes Küchentuch stürzen. Das Backtrennpapier ablösen und zu einer Roulade zusammenrollen.
6. Die Sahne mit dem san apart steif schlagen. Je nach Geschmack mit Zucker süßen und die Hälfte der Schokostreusel in 2/3 der Sahne einrühren.
7. Die Roulade aufrollen mit der Schokosahne bestreichen. Zusammenrollen und mit der restlichen Sahne überziehen.
8. Das Ganze mit den restlichen Schokostreuseln bestreuen. Mit den in Ecken geschnittenen Ananasscheiben garnieren und servieren.

Aprikosen-Lebkuchen

DAS BRAUCHT MAN

100 g getrocknete Aprikosen
4 cl Aprikot Brandy
6 Eier, 1 Prise Salz
300 g flüssigen Honig
4 EL Aprikosenmarmelade
3 1/2 TL Lebkuchengewürz
1/2 TL Zimtpulver
250 g gemahlene Mandeln
100 g gemahlene Haselnüsse
100 g Weizen-Vollkornmehl

AUSSERDEM

3 eckige Vollkorn-Oblaten
Honig zum Bestreichen

1. Die Aprikosen in sehr feine Würfel schneiden. In eine Schüssel geben, mit Aprikot Brandy beträufeln und 1/2 Stunde marinieren.
2. Die Eier mit dem Salz in eine Schüssel geben und sehr schaumig schlagen.
3. Den Honig unter ständigem Schlagen einträufeln.
4. Anschließend die Aprikosenmarmelade nach und nach zufügen.
5. Das Lebkuchengewürz und das Zimtpulver unter die Masse rühren.
6. Die Mandeln, die Haselnüsse und das Weizen-Vollkornmehl miteinander vermischen. Zu der Honigmasse geben und alles zu einer glatten Masse verarbeiten.
7. Die Oblaten in gleichgroße Rechtecke (5x6 Zentimeter) schneiden. Eßlöffelweise die Masse darauf verteilen, mit einem angefeuchteten Messer glattstreichen.
8. Die Lebkuchen auf ein Backblech legen und über Nacht antrocknen lassen.
9. Am nächsten Tag in den auf 180-200 Grad vorgeheizten Backofen schieben und 15-20 Minuten backen.
10. Anschließend herausnehmen und die Lebkuchen noch warm mit Honig bestreichen. Vollständig abtrocknen lassen und zum weiteren Verzehr bereitstellen.

Elisen-Lebkuchen

DAS BRAUCHT MAN

5 Eier, 500 g Zucker
1/2 TL Muskatpulver
1/2 TL Nelkenpulver
1 EL Zimtpulver
1 TL geriebene Zitronenschale
1 TL geriebene Orangenschale
einige Tropfen Rumaroma
500 g gemahlene Mandeln
65 g Mehl

AUSSERDEM

runde Backoblaten
Zuckerglasur
helle und dunkle Schokoladenglasur

1. Die Eier mit dem Zucker schaumig schlagen.
2. Das Muskatpulver, das Nelkenpulver, das Zimtpulver, die Zitronen- und Orangenschale und das Rumaroma untermischen.
3. Die Mandeln mit dem Mehl unter den Eischaum rühren.
4. 35-50 g Masse auf die Oblaten streichen, leicht andrücken und auf ein Backblech setzen.
5. Im auf 180-200 Grad vorgeheizten Backofen 15-20 Minuten backen.
6. Die Lebkuchen herausnehmen, mit Zuckerglasur, heller oder dunkler Schokoladenglasur überziehen. Vollständig abtrocknen lassen und zum weiteren Verzehr bereitstellen.

Amaretto-Lebkuchen

DAS BRAUCHT MAN

4 Eier
100 g Puderzucker
125 g geriebene Mandeln
125 g geriebene Haselnüsse
50 g Zitronat
50 g Orangeat
200 g Marzipan-Rohmasse
100 g Honig
2 EL Lebkuchengewürz
je 1 Prise Muskat, Ingwer, Salz
4 cl Amaretto

AUSSERDEM

runde Backoblaten
Zucker- oder Schokoladenglasur

1. Die Eier mit dem Puderzucker in eine Schüssel geben und schaumig schlagen.
2. Die geriebenen Mandeln und die geriebenen Haselnüsse dazugeben.
3. Das Zitronat und Orangeat fein schneiden und mit der zerdrückten Marzipan-Rohmasse und dem Honig zu den restlichen Zutaten geben.
4. Das Lebkuchengewürz, das Muskatpulver, das Zimtpulver, das Ingwerpulver, das Salz und den Amaretto dazugeben und alles zu einem glatten Teig verarbeiten.
5. 35-50 g Lebkuchenmasse auf eine Backoblate geben und leicht andrücken.
6. Die Lebkuchen auf ein Backblech setzen und im auf 170-180 Grad vorgeheizten Backofen 15-20 Minuten backen.
7. Die Lebkuchen herausnehmen, mit Zucker- oder Schokoladenglasur überziehen. Anschließend vollständig abtrocknen lassen und zum weiteren Verzehr bereitstellen.

Trockenobst-Kuchen

DAS BRAUCHT MAN

250 g Butter oder Margarine
200 g Honig
1 Prise Vollmeersalz
6 Eier
1 TL geriebene Zitronenschale
1 Päckchen Vanillearoma
250 g Weizenvollkornmehl
100 g zarte Haferflocken
2 TL Backpulver

AUSSERDEM

100 g Trockenpflaumen
100 g Trockenaprikosen
100 g Trockenfeigen und -datteln
100 g gemischte, gehackte Nüsse
Butter oder Margarine zum Ausfetten
Vollkornsemmelbrösel zum Bestreuen

1. Die Butter oder Margarine mit dem Honig in eine Schüssel geben und schaumig schlagen.
2. Das Salz unterziehen und die Eier nach und nach darunter schlagen.
3. Die Zitronenschale und das Vanillearoma untermischen.
4. Das gesiebte Weizenvollkornmehl mit den Haferflocken vermischen. Das Backpulver unterziehen und vorsichtig unter den Teig rühren.
5. Das Trockenobst in feine Würfel schneiden und mit etwas Mehl bestauben.
6. Das Trockenobst mit den Nüssen unter den Teig rühren. Eine Kasten- oder Napfkuchenform mit Butter oder Margarine ausfetten und mit Semmelbrösel bestreuen.
7. Den Teig in die Form füllen und das Ganze im auf 180-200 Grad vorgeheizten Backofen 50-60 Minuten backen.
8. Nach Ende der Backzeit den Kuchen aus der Form stürzen und erkalten lassen. Je nach Geschmack mit Glasur überziehen und mit Puderzucker bestauben.

Königskuchen

DAS BRAUCHT MAN

250 g Butter oder Margarine
200 g Honig
5 Eier
1 TL geriebene Zitronenschale
1 TL geriebene Orangenschale
1 TL Zimtpulver
1 Msp. Nelkenpulver
1 Päckchen Vanillearoma
1 Prise Vollmeersalz
400 g Weizenvollkornmehl
etwa 1 Tasse Milch
125 g Rumrosinen
50 g Zitronat
50 g Orangeat
50 g gehackte Mandeln
50 g gehackte Haselnüsse
Butter oder Margarine zum Ausfetten
Vollkornsemmelbrösel zum Bestreuen

1. Die Butter oder Margarine in eine Schüssel geben und mit dem Honig schaumig schlagen.
2. Die Eier nach und nach darunter schlagen.
3. Die Zitronenschale, die Orangenschale, das Zimtpulver, das Nelkenpulver und das Vanillearoma sowie das Vollmeersalz unterziehen.
4. Das Weizenvollkornmehl sieben und mit der Milch abwechselnd unter den Teig rühren.
5. Die Rumrosinen, das Zitronat, das Orangeat, die gehackten Mandeln und Haselnüsse miteinander vermischen und unter den Teig heben.
6. Eine Kasten- oder Napfkuchenform mit der Butter oder Margarine ausfetten. Mit Vollkornsemmelbrösel bestreuen und den Teig einfüllen.
7. Das Ganze im auf 180-200 Grad vorgeheizten Backofen 50-60 Minuten backen.
8. Nach Ende der Backzeit den Kuchen herausnehmen, aus der Form stürzen. Erkalten lassen je nach Geschmack mit Glasur überziehen. Vollständig abtrocknen lassen, ausgarnieren und servieren.

TIP

Bei unserem Trocken-Obst-Kuchen können je nach Geschmack auch beliebige andere Trockenfrüchte verwendet werden. Zum Beispiel getrocknete Bananen, Äpfel oder Birnen.

Gewürzherzchen

DAS BRAUCHT MAN

275 g Butter oder Margarine
275 g Zucker
250 g Mehl
3 Eigelb
1 TL Zimt
1 Prise Koriander
1 Prise Kardamom
1 Prise Piment

AUSSERDEM

1 Packung helle Kuchenglasur
1/2 TL Nelkenpulver
1 TL Zimtpulver
einige Tropfen Rumaroma

1. Die Butter oder Margarine in eine Schüssel geben und schaumig schlagen. Den Zucker nach und nach darunter schlagen.
2. Das Mehl sieben und bereitstellen.
3. Das Eigelb nach und nach unter die Buttermasse schlagen. Anschließend das Mehl vorsichtig unterheben.
4. Das Ganze mit den Gewürzen aromatisieren.
5. Den Teig auf einer bemehlten Arbeitsfläche etwa 1/2-1 Zentimeter dick ausrollen. Mit einem Herzausstecher ausstechen.
6. Die Herzchen auf ein ausgefettetes Backblech legen und im auf 170-180 Grad vorgeheizten Backofen je nach Größe 10-15 Minuten backen.
7. Anschließend herausnehmen und vollständig auskühlen lassen.
8. Die Kuchenglasur nach Vorschrift zubereiten. Mit den Gewürzen und mit dem Rumaroma verfeinern. Die Plätzchen damit überziehen und zum weiteren Verzehr bereitstellen.

Kirsch-Marzipan-Lebkuchen

DAS BRAUCHT MAN

100 g Marzipan-Rohmasse
100 g gehackte Haselnüsse
100 g gemahlene Haselnüsse
1 TL Zitronenschale
50 g Zitronat
3 Eier
150 g Zucker
4 gehäufte EL Kirschkonfitüre
1 TL Zimt
3 TL Lebkuchengewürz
8 eckige Backoblaten

1. Die Marzipan-Rohmasse würfeln und in eine Schüssel geben.
2. Die gemahlenen und gehackten Haselnüsse, die feingeriebene Zitronenschale und das Zitronat dazugeben und alles miteinander vermischen.
3. Die Eier mit dem Zucker schaumig schlagen. Die Kirschkonfitüre, den Zimt und das Lebkuchengewürz unterziehen.
4. Das Ganze zur Marzipanmasse geben und alles zu einem kompakten Teig verarbeiten. Anschließend zugedeckt über Nacht im Kühlschrank durchziehen lassen.
5. Die Oblaten in je drei gleichgroße Stücke schneiden.
6. Die Lebkuchenmasse nicht zu dick aufstreichen und im auf 180-200 Grad vorgeheizten Backofen 15-20 Minuten backen.
7. Anschließend auf einem Kuchengitter auskühlen lassen. Mit geschmolzener Schokolade oder Puderzuckerglasur ausgarnieren und zum weiteren Verzehr bereitstellen.

Zimtbrötchen

DAS BRAUCHT MAN

250 g Zucker
4 Eier
2 EL geriebene Zitronenschale
2 El geriebene Orangenschale
150 g gemischte kandierte Früchte
1 EL Zimt
300 g Mehl

AUSSERDEM

Zitronat und Orangeat

1. Den Zucker und die Eier in eine Schüssel geben und schaumig schlagen. Die geriebene Zitronen- und Orangenschale unterheben.
2. Die kandierten Früchte fein hacken und vorsichtig untermischen. Den Zimt und das Mehl vermischen und eßlöffelweise unter die Masse heben.
3. Den Teig auf eine bemehlte Arbeitsfläche legen und gut durchkneten.
4. Anschließend den Teig zu einer 5 Zentimeter dicken Rolle formen. Plätzchen abschneiden und je nach Geschmack formen.
5. Die Plätzchen auf ein bemehltes Backblech legen und mit dem Messer einige Male einschneiden. In die Einschnitte das Zitronat und Orangeat drücken.
6. Das Backblech in den auf 180 Grad vorgeheizten Backofen schieben und je nach Größe der Plätzchen 15-20 Minuten backen.
7. Die Plätzchen herausnehmen, vollständig erkalten lassen und zum weiteren Verzehr bereitstellen.

Nürnberger Lebkuchen

DAS BRAUCHT MAN

4 Eier
250 g Zucker
1 Prise Salz
1 TL geriebene Zitronenschale
1 TL geriebene Orangenschale
40 g Zitronat
40 g Orangeat
75 g Mandelblättchen
250 g Mehl
1 EL Zimtpulver
1/4 TL Nelkenpulver
1/4 TL Kardamompulver
1 Msp. Nelkenpulver
2 g Hirschhornsalz

AUSSERDEM

runde Backoblaten
(90 mm Durchmesser)
dunkle oder helle Schokoglasur

1. Die Eier mit dem Zucker und dem Salz in eine Schüssel geben und schaumig schlagen.
2. Die Zitronenschale, die Orangenschale, das Zitronat, das Orangeat und die Mandelblättchen untermischen.
3. Das Mehl mit dem Zimtpulver, dem Nelkenpulver, dem Kardamompulver, dem Muskatpulver und dem Hirschhornsalz vermischen.
4. Das Mehl mit der Eimasse zu einem glatten kompakten Teig verarbeiten.
5. Die Masse gleichmäßig auf die runden Backoblaten streichen und diese auf ein Backblech setzen.
6. An einem warmen Ort über Nacht abtrocknen lassen.
7. Am nächsten Tag die Lebkuchen im auf 160-170 Grad vorgeheizten Backofen 20-25 Minuten backen.
8. Die Lebkuchen herausnehmen und vollständig erkalten lassen. Mit der dunklen oder hellen Schokoladenglasur überziehen.
9. Die Nürnberger-Lebkuchen vollständig abtrocknen lassen und zum weiteren Verzehr bereitstellen.

Quark-Früchte-Stollen

DAS BRAUCHT MAN

150 g Butter oder Margarine
150 g Zucker
2 Eier
250 g Speisequark
1 TL geriebene Zitronenschale
1 Päckchen Vanillezucker
500 g Mehl
1 Päckchen Backpulver
50 g getrocknete Äpfel
50 g getrocknete Aprikosen
50 g getrocknete Birnen
50 g Zitronat
50 g Orangeat
125 g Rumrosinen
50 g gehackte Haselnüsse
50 g gehackte Mandeln
Mehl zum Bestauben

AUSSERDEM

125 g Butter oder Margarine
100 g Puderzucker

1. Die Butter oder Margarine mit dem Zucker in eine Schüssel geben und schaumig schlagen.
2. Die Eier nach und nach kräftig darunter schlagen.
3. Den Quark mit der Zitronenschale und dem Vanillezucker glattrühren. Unter den Eischaum rühren.
4. Das Mehl mit dem Backpulver vermischen. Auf die Masse sieben und alles zu einem glatten Teig verarbeiten.
5. Die Äpfel, die Aprikosen und die Birnen in sehr feine Würfel schneiden. Mit dem Zitronat, dem Orangeat, den Rumrosinen, den Haselnüssen und den Mandeln vermischen.
6. Den Teig auf eine bemehlte Arbeitsfläche geben. Die Frucht-Nuß-Mischung kräftig darunter arbeiten.
7. Eine Stollenform mit Butter oder Margarine ausfetten und den Teig einfüllen.
8. Im auf 180-200 Grad vorgeheizten Backofen 50-60 Minuten backen.
9. Den Stollen herausnehmen, aus der Form lösen, vollständig erkalten lassen. Mit der zerlassenen Butter oder Margarine bestreichen und mit Puderzucker bestauben.

Beschwipster Honigstollen

DAS BRAUCHT MAN

50 g getrocknete Aprikosen
50 g getrocknete Datteln
50 g getrocknete Äpfel oder Birnen
1 Tasse Rum
50 g gehackte Mandeln

FÜR DEN TEIG

1/4 l Milch
1 Päckchen Frischhefe
2 EL Zucker
1 TL geriebene Zitronenschale
75 g Zucker
500 g Mehl
1 Prise Salz
100 g Butter oder Margarine
1 Ei
Mehl zum Bestauben

AUSSERDEM

2 Tassen flüssigen Honig
2 Tassen Zwieback- oder Bisquitbrösel
Puderzucker zum Bestauben

1. Die getrockneten Aprikosen, Datteln und Äpfel in sehr feine Würfel schneiden. In eine Schüssel geben, mit dem Rum übergießen und über Nacht ziehen lassen.
2. Am nächsten Tag für den Teig die Milch erwärmen und die Frischhefe hineinbröckeln.
3. Den Zucker unterrühren und an einem warmen Ort 10-12 Minuten gehen lassen.
4. Die geriebene Zitronenschale mit dem Zucker, dem Mehl und dem Salz vermischen und in eine Schüssel geben.
5. Die Hefemilch mit der flüssigen Butter oder Margarine und dem Ei zum Mehl geben und alles zu einem glatten Teig verarbeiten.
6. Die Trockenfrüchte gut abtropfen lassen. Mit Mehl bestauben und mit den Mandeln unter den Teig arbeiten.
7. Mit einem sauberen Küchentuch abdecken und an einem warmen Ort zur doppelten Menge aufgehen lassen.
8. Den Teig auf einer bemehlten Arbeitsfläche nochmals durcharbeiten und zu einem Rechteck ausrollen.
9. Den flüssigen Honig mit den Zwieback- oder Bisquitbröseln verrühren und den Teig damit einstreichen.
10. Den Teig zusammenrollen und auf ein mit Backtrennpapier ausgelegtes Backblech geben.
11. Den Stollen im auf 180-200 Grad vorgeheizten Backofen 40-50 Minuten backen. Anschließend herausnehmen, vollständig erkalten lassen und mit Puderzucker bestauben. Anrichten und zum weiteren Verzehr bereitstellen.

Likörtorte

DAS BRAUCHT MAN

250 g Butter
250 g Zucker
6 Eigelb
250 g Vollmilch-Kuvertüre
50 g geriebene Mandeln
200 g Mehl, 50 g Speisestärke
1/2 Päckchen Backpulver
6 Eiweiß, 1/2 TL Salz
Butter zum Ausfetten
Semmelbrösel zum Bestreuen
1/4 l Johnnisbeerlikör
1 kleines Glas Johannisbeergelee

AUSSERDEM

Schokoladenglasur
200 g Marzipan-Rohmasse
100 g Puderzucker
Lebensmittelfarben

1. Die Butter mit dem Zucker schaumig schlagen.
2. Das Eigelb nach und nach unter den Butterschaum schlagen.
3. Die Vollmilch-Kuvertüre fein reiben, mit den Mandeln unter den Schaum rühren.
4. Das Mehl mit der Speisestärke und dem Backpulver vermischen. Auf den Schaum sieben und vorsichtig unterziehen.
5. Das Eiweiß mit dem Salz sehr steif schlagen und unter den Teig heben.
6. Eine Springform mit Butter ausfetten. Mit den Semmelbröseln bestauben, den Teig einfüllen. Im auf 180-200 Grad vorgeheizten Backofen 50-60 Minuten backen.
7. Den Kuchen herausnehmen und aus der Form lösen. Vollständig erkalten lassen und einmal waagerecht halbieren.
8. Die beiden Hälften mit Johannisbeerlikör beträufeln und die untere Hälfte mit Johannisbeergelee einstreichen.
9. Die Böden zusammensetzen und mit der Schokoladenglasur gleichmäßig überziehen.
10. Die Marzipan-Rohmasse mit dem Puderzucker auf einer Arbeitsfläche anwirken. In 3-4 Teile teilen und diese mit den Lebensmittelfarben einfärben.
11. Die Massen ausrollen und weihnachtliche Formen ausstechen.
12. Die Figuren dekorativ auf der Torte anrichten.
13. Die Torte vollständig abtrocknen lassen und zum weiteren Verzehr bereitstellen.

Sternentorte

DAS BRAUCHT MAN

250 g Mehl, 1 Ei
125 g Zucker
1 Päckchen Vanillezucker
1 Prise Salz
150 g Butter
Butter zum Ausfetten
Mehl zum Bestauben

FÜR DIE FÜLLUNG

250 g Apfelmus, 500 g Speisequark
50 g Zucker
1 Päckchen Vanillezucker
1 TL Zimtpulver
1 Tasse Apfelsaft
10 Blatt weiße Gelatine
6 cl Apfelschnaps

AUSSERDEM

Puderzucker zum Bestauben
weihnachtliche Schokoladen- oder Marzipanfiguren

1. Das Mehl auf eine Arbeitsfläche sieben. Eine Mulde eindrücken und das Ei hineingeben.
2. Den Zucker, den Vanillezucker, und das Salz darüber streuen.
3. Die Butter in Flöckchen darauf setzen. Mit bemehlten Händen die Teigzutaten von außen nach innen schnell zu einem glatten kompakten Teig verkneten.
4. Den Teig im Kühlschrank mindestens eine Stunde ruhen lassen.
5. Anschließend den Teig auf einer bemehlten Arbeitsfläche dünn ausrollen und zwei runde Böden in der Größe einer Springform ausschneiden.
6. Die Böden in eine mit Butter ausgefettete und mit Mehl bestaubte Formen geben.
7. Den restlichen Teig nochmals dünn ausrollen und Sterne ausstechen.
8. Auf einen Boden die Sterne dekorativ darauf setzen und beide Böden im auf 180-200 Grad vorgeheizten Backofen 10-15 Minuten ausbacken.
9. Die Böden herausnehmen und vollständig auskühlen lassen.
10. Für die Füllung das Apfelmus mit dem Speisequark, dem Zucker, dem Vanillezucker und dem Zimtpulver glattrühren.
11. Den Apfelsaft erwärmen und die gewässerte Gelatine darin auflösen.
12. Den Apfelsaft und den Apfelschnaps tropfenweise unter die Quarkcreme rühren.
13. Den Boden ohne Sterne in einen Tortenring setzen und die Apfelcreme darauf gleichmäßig verstreichen.
14. Den Boden mit den Sternen darauf setzen und das Ganze vollständig erkalten lassen.
15. Den Tortenring entfernen. Die Sternentorte mit Puderzucker bestauben, mit weihnachtlichen Schokoladen- oder Marzipanfiguren ausgarnieren und zum weiteren Verzehr bereitstellen.

Großes Lebkuchenhaus

DAS BRAUCHT MAN

500 g Honig
5 Eier
350 g Zucker
150 g gemahlene Mandeln
150 g gemahlene Haselnüsse
2 EL Lebkuchengewürz
1 EL Salz
1 kg Mehl
10 g Natron

AUSSERDEM

Backtrennpapier
Pergamentpapier für die Schablonen
(4 Außenwände mit 15x20 Zentimeter)
2 Dachplatten mit 22x30 Zentimeter
250 g Puderzucker
2-3 EL Zitronensaft
Liebesperlen
Silberperlen
Zuckerstreusel
Plätzchen
Schokoladentaler
Weingummi, Gummibärchen oder anderes kleines Zuckerwerk

1. Den Honig in einen Topf geben und unter ständigem Rühren erwärmen und anschließend vom Feuer nehmen.
2. Die Eier mit dem Zucker in eine Schüssel geben und schaumig schlagen.
3. Die Mandeln, die Haselnüsse, das Lebkuchengewürz, das Salz, das Mehl und das Natron miteinander vermischen. Mit dem Honig zur Eimasse geben und alles zu einem glatten Teig kneten.
4. Den Teig auf einer bemehlten Arbeitsfläche nochmals kräftig durchkneten. In eine Schüssel geben und an einem warmen Ort mindestens einen Tag besser zwei Tage ruhen lassen.
5. Den Teig anschließend auf einer bemehlten Arbeitsfläche etwa einen Zentimeter dick ausrollen. Die vorbereiteten Schablonen darauf legen. Die Wände und Dachplatten ausschneiden.
6. Ein Backblech mit Backtrennpapier auslegen und die Teigstücke im auf 180-200 Grad vorgeheizten Backofen 20-25 Minuten backen.
7. Herausnehmen und vollständig erkalten lassen.
8. Den Puderzucker mit dem Zitronensaft glattrühren. Die Ränder der Teigplatten damit bestreichen, zu einem Haus zusammensetzen und vollständig abtrocknen lassen.
9. Mit Hilfe der restlichen Glasur das Haus verzieren. Eiszapfen und andere Figuren aufspritzen und das verschiedene Zuckerwerk dekorativ mit der Glasur darauf kleben.
10. Das Lebkuchenhaus vollständig abtrocknen lassen und bereitstellen.

Feiertagskuchen

DAS BRAUCHT MAN

150 g getrocknete Feigen
150 g getrocknete Datteln
150 g getrocknete Pflaumen
150 g getrocknete Aprikosen
300 g Belegkirschen
125 g Rosinen
1 Tasse Rum
150 g Butter oder Margarine
150 g Zucker
3 Eier
1 Päckchen Vanillezucker
1 TL geriebene Zitronenschale
1 TL geriebene Orangenschale
1 EL Lebkuchengewürz
1 TL Zimtpulver
175 g Mehl
1/2 Päckchen Backpulver
125 g gehackte Mandeln
125 g gehackte Haselnüsse

AUSSERDEM

Butter oder Margarine zum Ausfetten
Semmelbrösel zum Bestreuen
Puderzucker zum Bestauben

1. Die Feigen, die Datteln, die Pflaumen und die Aprikosen sowie die Belegkirschen in feine Würfel schneiden. Mit den gewaschenen und gut abgetropften Rosinen in eine Schüssel geben.
2. Mit Rum beträufeln und über Nacht marinieren.
3. Am nächsten Tag für den Teig die Butter oder Margarine mit dem Zucker in einem Topf schaumig schlagen.
4. Die Eier nach und nach darunter schlagen.
5. Den Vanillezucker, die Zitronenschale, die Orangenschale, das Lebkuchengewürz und das Zimtpulver unter den Schaum rühren.
6. Das Mehl mit dem Backpulver vermischen, auf die Masse sieben. Die gehackten Mandeln und die Haselnüsse dazugeben und zu einem Teig verarbeiten.
7. Die gut abgetropften Früchte dazugeben und alles gleichmäßig verarbeiten.
8. Eine große Springform mit Butter oder Margarine ausfetten, mit Semmelbröseln bestreuen und den Teig einfüllen.
9. Das Ganze im auf 160-170 Grad vorgeheizten Backofen 90-100 Minuten backen.
10. Nach dem Backen den Feiertagskuchen herausnehmen. Vollständig erkalten lassen und mindestens zwei Tage kühl ruhen lassen.
11. Anschließend anrichten, mit Puderzucker bestauben und servieren.

Feine Marzipanstangen

DAS BRAUCHT MAN

300 g Marzipan-Rohmasse
150 g Puderzucker
50 g geschmolzene Kuvertüre
2-3 EL gehackte Mandeln
2-3 EL gehackte Pistazienkerne
2-3 EL gehackte Walnußkerne
4 cl Rum
5-6 EL Haselnußkrokant
3-4 EL gehackte Rosinen
4 cl Weinbrand

AUSSERDEM

weiße Zartbitter- und Vollmilchschokoladenglasur

1. Die Marzipan-Rohmasse mit dem gesiebten Puderzucker auf einer Arbeitsfläche anwirken.
2. Die Masse halbieren. Eine Hälfte mit der Kuvertüre, den Mandeln, den Pistazien, den Walnußkernen und dem Rum gut verkneten. Die andere Hälfte mit dem Krokant, den Rosinen und dem Weinbrand verkneten.
3. Aus beiden Massen kleine ein Zentimeter dicke Stangen formen. Die Marzipanstangen je nach Geschmack mit der Schokoladenglasur überziehen. Auf ein Kuchengitter legen und vollständig abtrocknen lassen. Gekühlt in einer geeigneten Dose aufbewahren.

Knabbernüsse

DAS BRAUCHT MAN

200 g große Mandelkerne, Paranüsse oder Cashewkerne
100 g Puderzucker
200 g Zartbitter- oder Vollmilch-Kuvertüre
einige Tropfen Rum
2-3 EL Kakaopulver
2-3 EL Puderzucker

1. Die Nüsse auf ein Backblech legen und mit dem Puderzucker bestauben.
2. Im auf 180-200 Grad vorgeheizten Backofen so lange rösten bis der Puderzucker vollständig aufgelöst ist.
3. Herausnehmen, in eine Schüssel geben und vollständig erkalten lassen.
4. Die Kuvertüre in eine feuerfeste Schüssel geben und im Wasserbad schmelzen lassen.
5. Anschließend zu den Nüssen geben und das ganze mit dem Rum aromatisieren.
6. Die Schüssel mit der Nuß-Schoko-Masse so lange schwenken bis die Schokolade fest wird.
7. Die einzelnen Nüsse herausnehmen. Je nach Geschmack in Kakaopulver oder Puderzucker wenden und zum weiteren Verzehr bereitstellen.

Schokoladen-spritzgebäck

DAS BRAUCHT MAN

150 g Butter oder Margarine
200 g Zucker
6 Eier
400 g Mehl
1 gestrichenen EL Backpulver
30 g Kakaopulver
200 g geriebene Haselnüsse
200 g Schokoladenglasur

1. Die Butter oder Margarine in eine Schüssel geben und schaumig rühren. Den Zucker und die Eier nach und nach hinzufügen und mit dem Rührgerät weiterschlagen.
2. Das Mehl mit dem Backpulver, dem Kakaopulver und den Haselnüssen vermischen. Nach und nach unter die Eimasse rühren.
3. Die Masse in einen Spritzbeutel füllen und auf ein ausgefettetes Backblech kleine Kränzchen aufspritzen.
4. Das Backblech in den auf 170-180 Grad vorgeheizten Backofen schieben und je nach Größe 10-15 Minuten backen.
5. Anschließend das Spritzgebäck herausnehmen und erkalten lassen.
6. Die Schokoladenglasur nach Anweisung zubereiten und das Gebäck damit bestreichen. Je nach Geschmack mit Nüssen, Zuckerstreusel oder anderem Zuckerwerk ausgarnieren. Das Schokoladenspitzgebäck vollständig abtrocknen lassen und zum weiteren Verzehr bereitstellen.

Christmas Waffeln

DAS BRAUCHT MAN

300 g festen Sauerrahm
125 g Zucker
1 TL geriebene Zitronenschale
1 TL geriebene Orangenschale
1 Päckchen Vanillezucker
3 Eier
1 Prise Salz
150 g Mehl
1/2 Päckchen Backpulver
Butterschmalz zum Ausfetten

AUSSERDEM

4 Portionen Vanilleeis
250 g gemischte Früchte
4 Portionen geschlagene, gesüßte Sahne
4 EL gehackte Pisazien

1. Den Sauerrahm mit dem Zucker, der Zitronenschale, der Orangenschale und dem Vanillezucker in eine Schüssel geben und glattrühren.
2. Die Eier und das Salz dazugeben und alles zu einem glatten Teig verrühren.
3. Das Mehl sieben, mit dem Backpulver vermischen und unter die Sauerrahmcreme ziehen.
4. Ein Waffeleisen ausfetten. Portionsweise den Teig einfüllen und Waffeln ausbacken.
5. Die Waffeln anrichten. Mit je einer Portion Vanilleeis, den gemischten Früchten und der Sahne belegen. Mit Pistazien bestreuen und sofort servieren.

Feine Schneebusserl

DAS BRAUCHT MAN

4 Eiweiß
1 Prise Salz
250 g Zucker
250 g gemahlene Haselnüsse
50 g Orangeat
1 Päckchen kandierte Walnüsse

AUSSERDEM

runde Backoblaten

1. Die Eier trennen und das Eiweiß sehr steif schlagen. Den Zucker nach und nach darunter schlagen.
2. Die Haselnüsse und das sehr fein geschnittene Orangeat vorsichtig unterheben.
3. Die Backoblaten auf einem bemehlten Backblech auslegen und mit je einem Teelöffel Eischaum bedecken. Jeweils ein Stück Walnuß darauflegen.
4. Das Ganze im auf 150-160 Grad vorgeheizten Backofen 25-30 Minuten backen.
5. Die Schneebusserl herausnehmen und zum weiteren Verzehr bereitstellen.

Weihnachtskrapfen

DAS BRAUCHT MAN

1/4 l Wasser
50 g Butter oder Margarine
1 TL geriebene Zitronenschale
1 TL geriebene Orangenschale
1 Prise Salz
150 g Mehl
30 g Speisestärke
1 Päckchen Vanillezucker
30 g Zucker
4 Eier
1 Tasse Rumrosinen
1 TL Backpulver
Fett zum Ausbacken

AUSSERDEM

200 g Puderzucker
2 EL Orangenlikör
2 EL Orangensaft
1 Tasse Mandelsplitter

1. Das Wasser, die Butter oder Margarine, die Zitronen- und Orangenschale sowie das Salz in einen Topf geben und zum Kochen bringen.
2. Das gesiebte Mehl mit der Speisestärke vermischen. In die Flüssigkeit geben und mit dem Kochlöffel abschlagen. So lange rühren bis sich der Teig vom Topfboden löst.
3. Den Teig mit Vanillezucker und Zucker süßen.
4. Anschließend leicht erkalten lassen, nach und nach die Eier unterschlagen. Die Rumrosinen und das Backpulver untermischen.
5. Mit einem Teelöffel Klößchen abstechen und diese im schwimmenden Fett ausbacken.
6. Den Puderzucker mit dem Orangenlikör und dem Orangensaft glattrühren.
7. Die Weihnachtskrapfen anrichten, mit der Glasur überziehen. Mit Mandelsplitter bestreuen und sofort servieren.

Register